Jésus-Christ, de quoi est-on sûr ?

Dans la même collection dirigée par Alain Houziaux

Comment accepter de vieillir ?, P.-L. Assoun, J.-D. Bredin, M. de Hennezel, 2003.
A-t-on encore besoin d'une religion ?, A. Comte-Sponville, B. Feillet, A. Rémond, 2003.
Peut-on se remettre d'un malheur ?, J. Alexandre, J.-P. Denis, G. Jurgensen, 2004.
Le christianisme, quel impact aujourd'hui ?, O. Abel, A. Duhamel, P. Joxe, J.-M. Lustiger, P. Ricœur, 2004.
D'où vient l'univers ?, A. Guiderdoni, A. Houziaux, M. Malherbe, J.-L. Schlegel, 2004.
Y a-t-il quelque chose après la mort ?, C. Geffré, A. Houziaux, C. J.-D. Javary, M. Labidi-Maïza, 2004.
Le voile, que cache-t-il ?, J. Baubérot, D. Bouzar, J. Costa-Lascoux, A. Houziaux, 2004.
Doit-on légaliser l'euthanasie ?, A. Comte-Sponville, M. de Hennezel, A. Houziaux, A. Kahn, 2004
Israël, les juifs, l'antisémitisme, J. Attali, P. Boniface, A. Houziaux, G. Israël, 2005.
L'Europe, jusqu'où ?, A. Duhamel, A. Houziaux, H. Le Bras, P. Moreau Defarges, 2005.
Les retraites, quelle justice ?, P. Artus, A. Houziaux, J.-C. Le Duigou, R. Rochefort, 2005.
L'aide au tiers-monde, à quoi bon ?, S. Brunel, A. Houziaux, P. Kipré, M.-A. Pérouse de Montclos, 2005.
Les affaires, la politique, la justice, A.-J. Fulgéras, A. Houziaux, G. le Foyer de Costil, A. Montebourg, 2005.
Le chômage, à qui la faute ?, N. Baverez, J.-B. de Foucauld, A. Houziaux, A. Minc, 2005.
L'homme est-il mauvais par nature ?, X. de Chalendar, L. Gagnebin, A. Houziaux, G. Israël, 2005.
La psychanalyse peut-elle guérir ?, A. Abécassis, J.-C. Guillebaud, A. Houziaux, J.-D. Nasio, 2005.
La souffrance, pourquoi ?, P.-L. Assoun, L. Gagnebin, A. Houziaux, B. Vergely, 2005.
L'indifférence, une fuite ?, A. Houziaux, S. de Mijolla-Mellor, O. Vallet, B. Vergely, 2006.
Jusqu'où peut-on changer sa vie ?, A. Houziaux, J. Lacarrière, S. Rougier, J.-P. Willaime, 2006.
La solitude, pourquoi ?, A. Houziaux, D. Lestringant, F. de Panafieu, A. Valtier, 2006.
La mémoire, pour quoi faire ?, F. Dosse, A. Houziaux, A. Finkielkraut, J.-C. Guillebaud, 2006.
Le corps, un plaisir ou un poids ?, J. Fricker, A. Houziaux, D. Sicard, J.-P. de Tonnac, 2006.
Peut-il y avoir une spiritualité sans Dieu ?, J. Costa-Lascoux, A. Houziaux, I. Levaï, P. Lombard, 2006.

Imprimé en France *Printed in France*
ISBN 2-7082-3874-4
978-2-7082-3874-9

Corina Combet-Galland
Alain Houziaux
Gérard Mordillat
Michel Quesnel

Jésus-Christ, de quoi est-on sûr ?

LES EDITIONS DE L'ATELIER

Le contenu de cet ouvrage prend sa source dans une conférence organisée par le pasteur Alain Houziaux en novembre 2005 au Temple de l'Église réformée de l'Étoile, 54, avenue de la Grande-Armée dans le XVIIe arrondissement de Paris.

Présentation des auteurs

Corina Combet-Galland est professeur de Nouveau Testament à la faculté libre de théologie protestante de Paris. Elle est a surtout travaillé l'évangile de Marc, est à l'écoute de la voix, du jeu des voix qui parlent dans un texte. Elle a ainsi publié « L'intrigue amoureuse d'une ode à l'amour (1 Corinthiens 13) » dans *Quand la Bible se raconte*, (Daniel Marguerat dir., Cerf, 2003).

Alain Houziaux est pasteur de l'Église réformée de l'Étoile, docteur en théologie, docteur en philosophie. Il est notamment l'auteur de *Les grandes énigmes du Credo* (DDB, 2003), *La lassitude, le courage, la confiance* et *La Vierge Marie. Histoire et ambiguïté d'un culte* (en collaboration avec Jacques Duquesne) (Éd. de l'Atelier, 2005 et 2006).

Gérard Mordillat est écrivain et cinéaste. Il a notamment réalisé les séries *Corpus Christi* et *L'origine du christianisme* (avec Jérôme Prieur), et il a publié de nombreux ouvrages, parmi lesquels *Jésus, illustre inconnu* et *Jésus après Jésus* (avec Jérôme Prieur, DDB, 2000 et Seuil, 2004), *Les vivants et les morts* (Calmann-Lévy, 2005, prix RTL/Lire, mars 2005) et *Douce banlieue* (avec Frédérique Jacquet, Éd. de l'Atelier, 2005).

Michel Quesnel est prêtre de l'Oratoire et universitaire, professeur d'exégèse biblique, recteur de l'université catholique de Lyon. Il a notamment publié *Paul et les commencements du christianisme* (DDB, 2001), *Jésus, l'homme et le Fils de Dieu* (Flammarion, 2004) et *La sagesse chrétienne, un art de vivre* (DDB, 2005).

INTRODUCTION

Jésus-Christ, de quoi peut-on être sûr à son sujet ? Quel crédit accorder à ce que relatent les évangiles ? Depuis les émissions de *Corpus Christi*[1] et la parution du *Da Vinci code*, beaucoup s'interrogent et même s'inquiètent. Et si les Évangiles n'avaient aucune vérité historique ? Et si l'on ne pouvait être sûr de rien ?

Selon le pasteur Alain Houziaux, pour savoir qui était le Jésus historique, il faut s'enquérir auprès des autres prophètes et messies qui vivaient en Palestine à son époque et qui lui ressemblaient peu ou prou. Cela permettrait, par comparaison, de cerner le profil de Jésus de Nazareth. Mais, ajoute-t-il, les évangiles, même s'ils ont été écrits tardivement, circonscrivent eux aussi la vérité de Jésus, mieux que ne l'auraient fait de simples comptes-rendus historiques précis de son existence. De plus, Alain Houziaux pose une question de fond : pourquoi est-ce Jésus et non pas Jean-Baptiste, par exemple, qui a été confessé comme le Messie et le Fils de Dieu ?

Le théologien catholique Michel Quesnel rappelle que, même pour des hommes comme Shakespeare, Socrate et Homère, il est bien difficile de cerner une vérité historique exacte. Ce qui est le plus sûr dans la vie de Jésus-Christ,

1. Une série documentaire en douze épisodes sur Jésus, de Gérard Mordillat et Jérôme Prieur, diffusée sur Arte à partir d'avril 2005, disponible en dvd chez ARTE/Vidéo.

c'est ce que les évangiles relatent à contrecœur, par exemple le fait que Jésus ait été baptisé par Jean-Baptiste – montrant qu'il a d'abord été un de ses disciples. En tout état de cause, il reste une énigme : pourquoi un prophète qui a été abandonné par tous les siens, ou presque, a-t-il pu, rapidement après sa mort, être vénéré à l'égal de Dieu lui-même ? La résurrection du Christ n'est pas une explication car elle échappe à la science et à l'histoire.

De son côté, Gérard Mordillat – l'un des coauteurs du cycle *Corpus Christi* – est sûr que Jésus a bien existé, qu'il s'appelait Jésus, qu'il était juif, qu'il a été crucifié comme "roi des juifs". Et qu'il avait un charisme incontestable puisqu'il a profondément marqué l'histoire alors qu'aucune de ses prophéties ne s'est jamais réalisée. Pour lui, ce qui a fait le succès de Jésus par rapport à Jean-Baptiste par exemple, c'est le fait que des évangiles aient été écrits pour promouvoir son message, et qu'ils l'aient été en grec, permettant la diffusion de cette parole hors de son milieu d'origine. Mais un point reste néanmoins énigmatique : pourquoi, alors que Jésus a échoué, le Christ a-t-il été considéré comme le Seigneur du monde ? Comme le dit Henri Barbusse, lorsque Jésus vivait, le Christ n'existait pas encore et lorsque le Christ parut, il y a longtemps que Jésus n'existait plus.

La théologienne protestante Corina Combet-Galland insiste sur le fait que le seul matériau sur lequel on puisse s'appuyer est le texte des évangiles. La rédaction de ces textes a

constitué un travail de deuil, une forme de reconnaissance de dette envers le Jésus crucifié, et aussi une tâche de jardinage pour faire germer de manière nouvelle le grain de sa parole. Ce travail de mémoire et de créativité assume la mort de Jésus et la disparition de son corps pour susciter le corpus d'un message à transmettre et à faire circuler. Le "pourquoi est-il mort ?" de l'incompréhension et de la déception des disciples se métamorphose en l'assurance d'une vérité audacieuse qu'il faut proclamer. La honte d'avoir trahi Jésus se change en une passion d'avoir à écrire l'Évangile, la Bonne Nouvelle.

Après ces quatre exposés, un débat s'organise entre leurs auteurs sur des questions qui passionneront les lecteurs : Jésus a-t-il été influencé par les Esséniens de Qûmran ? Marie-Madeleine a-t-elle été la compagne de Jésus ? Pourquoi ni Jésus ni sa mère Marie n'évoquent-ils la manière dont Jésus a été conçu ? Jésus serait-il né d'un viol ? A-t-il eu des frères et sœurs ? Quel crédit accorder à l'évangile de Thomas ? Jésus avait-il conscience d'être le Messie ?, etc.

LE VRAI JÉSUS ET LE CHRIST DE LA FOI

par Alain Houziaux

Jésus-Christ, de quoi peut-on être sûr ? Ce que l'on peut affirmer, c'est qu'il y a deux mille ans à peu près, en terre de Galilée et d'Israël, un certain prophète nommé Jésus a bien existé et a suscité une forme d'agitation politique et religieuse qui a eu des effets plusieurs décennies après lui au sein de l'Empire romain.

Mais pour ce qui est du reste ? On a dit qu'il était né d'une vierge et que trois jours après sa mort, il était revenu à la vie. Mais en fait, qu'en est-il ?

L'énigme Jésus

Il faut le dire clairement : il est nécessaire de faire la différence entre ce qu'a été effectivement le Jésus historique et ce que la foi et les confessions de foi rapportent à son sujet.

Pour savoir qui était Jésus et ce qu'a été sa vie, on ne peut se fier tout uniment et candidement aux Évangiles et aux textes du Nouveau Testament. En effet, ceux-ci ont été écrits bien après la mort de Jésus (plus de trente ans après pour ce qui est des Évangiles) et ils se présentent non pas comme des récits de nature historique, mais plutôt comme des confessions de foi. Ils nous informent sur la manière dont on voyait Jésus et dont on croyait en lui dans les années

70 à 90, mais ils ne nous permettent pas de définir avec précision le Jésus de l'histoire, mort dans les années 30 de notre ère.

Face à la question « Jésus-Christ, de quoi est-on sûr ? », nous pouvons être saisis d'une forme de crainte. On se dit que, peut-être, on n'est sûr de rien. Et dans ce cas, tout s'écroule, c'est l'ébranlement des fondations. Jésus serait-il un homme comme les autres ? La foi chrétienne, depuis vingt siècles, serait-elle en fait bâtie sur le sable et le vent ? Ce que l'on a dit et prêché depuis deux mille ans à propos de Jésus-Christ serait-il une invention du Nouveau Testament, de l'Église et de la naïveté des hommes de foi ? C'est ce que beaucoup de téléspectateurs se sont demandé après avoir vu les émissions du cycle *Corpus Christi*[1].

Mais on peut aussi se poser cette question, « Jésus-Christ, de quoi est-on sûr ? », avec une sorte de curiosité. De fait, cette interrogation peut devenir le fil rouge d'une enquête passionnante et d'une quête passionnée. Pourquoi et comment ce Jésus a-t-il pu révolutionner le monde et bouleverser les cœurs et les manières de vivre de son temps ? Comment cela s'est-il produit ? Pourquoi cet homme, sa prédication et sa mort ont-elles eu autant d'impact ? Pourquoi a-t-on cru en lui ? Pourquoi a-t-on dit qu'il était ressuscité et qu'il était le Fils de Dieu ? Et pourquoi l'a-t-on dit de lui et non pas d'un autre ? Pourquoi est-ce Jésus et non pas Jean-Baptiste, par exemple, qui a été confessé quelques années

1. Documentaire cité.

après sa mort comme le Seigneur et le Sauveur ? Y a-t-il eu, dans l'existence de Jésus elle-même, quelque chose qui a déclenché la naissance et le développement de cette foi ?

Comment le christianisme a-t-il commencé ?

Les débuts du christianisme posent incontestablement une question passionnante : quand et surtout pourquoi a-t-on commencé à confesser Jésus-Christ comme un Maître, un Seigneur et un Sauveur ? De fait, ce qui suscite notre interrogation, c'est le problème du commencement. Comment et pourquoi le christianisme a-t-il commencé ? Est-ce Jésus qui l'a engendré ou plutôt saint Paul ? Aujourd'hui, on dit couramment que c'est ce dernier qui a été le promoteur de la foi chrétienne. Jésus, lui, serait resté jusqu'à sa mort un rabbi juif comme il y en a eu bien d'autres, peut-être même un peu moins reconnu que les autres, puisqu'il est mort abandonné par quasiment tous ses disciples. Mais, s'il en est ainsi, pourquoi Jésus-Christ est-il devenu ensuite le centre de la prédication de l'Église primitive et de la théologie de saint Paul ? Comment et pourquoi saint Paul puis l'Église tout entière ont-ils pu considérer comme Fils de Dieu ce Jésus méconnu et abandonné ?

Il faut tout d'abord prendre en compte le fait qu'après sa mort, Jésus a été "promu" au rang de Seigneur et Sauveur, ce qui est tout à fait énigmatique, tant il a été incompris et discrédité de son vivant. Certes, on pourra faire

valoir que certains génies (tel Van Gogh) ont d'abord été tout à fait ignorés pendant leur vie et ont néanmoins été reconnus et célébrés après leur mort. Mais, il faut le reconnaître, trois handicaps majeurs au moins faisaient obstacle à la "promotion" de Jésus après sa mort.

• D'abord, la déception qu'il a suscitée. On avait vu en lui le futur roi d'Israël, or il n'en a rien été. Et personne n'a compris pourquoi il avait lui-même voulu son échec.

• Ensuite, les raisons pour lesquelles on l'a mis à mort. Si Jésus a été crucifié, c'est parce qu'il a été considéré par les Juifs comme un blasphémateur contre Yavhé, et par les Romains comme un comploteur contre Rome. Et ces deux griefs très lourds constituaient à coup sûr un handicap majeur pour sa "promotion" tant dans le peuple juif que dans le monde romain. C'étaient deux obstacles apparemment rédhibitoires à sa confession par l'Église primitive (composée de juifs et de Romains) comme Messie et Fils de Dieu.

• Enfin, le caractère indiscutablement erroné de ce qu'il a prédit et annoncé. Sa prédication était axée sur la promesse de la venue imminente du Royaume. Et le Royaume n'est pas venu. Cela semble être un démenti cinglant de son autorité et de la véracité de son message. Jésus était-il vraiment différent de tous ces gourous qui, à toutes les époques de l'histoire, ont prédit à tort la venue imminente de la fin des temps ?

On pourrait en conclure que le succès de la prédication chrétienne à partir des années 50 s'est fait non pas *à cause* du Jésus historique mais bien plutôt *malgré* lui. On a d'ailleurs quelquefois l'impression que, pour Paul, la réalité historique de Jésus (sa prédication et ce qu'il a été, de fait) a presque été considérée comme un handicap. En effet, Paul n'évoque quasiment pas le Jésus historique et parle beaucoup plus volontiers du "Christ". Et ce "Christ" est tout autre que le Jésus de l'histoire. De fait, il ne cite presque jamais Jésus et ne fait pratiquement pas référence à ses propos, ni à ses faits et gestes, ni à ses miracles.

Pour expliquer qu'on ait pu faire de Jésus le "Christ" et même le "Fils de Dieu" alors qu'il avait été peu reconnu pendant sa vie, on invoquera bien sûr le fait que Jésus soit ressuscité trois jours après sa mort. On fera valoir que c'est cela qui a suscité la conversion des disciples qui l'avaient trahi. Mais en fait, les choses ne sont pas aussi simples. L'affirmation que "le Christ s'est fait voir" (c'est l'expression qu'emploie Paul dans 1 Corinthiens 15, 6-9) n'est apparue, semble-t-il, que plusieurs années après la mort de Jésus et elle n'a été historicisée en résurrection physique que plus tard encore (Paul ne fait jamais référence à la résurrection *physique* de Jésus[2]).

Ainsi, on en vient à se demander quelle a été la part de Jésus lui-même dans la naissance du

2. Cf. Alain Houziaux, *Les grandes énigmes du Credo*, DDB, 2003, et en particulier le chapitre "La résurrection de Jésus, peut-on y croire ?", p. 200-221.

christianisme et pourquoi la foi en sa résurrection a pu apparaître. Et c'est ce qui motive notre intérêt pour le Jésus de l'histoire. Peut-on, dans ce qu'il a été, trouver des explications à ce qu'il est devenu ?

L'énigme de l'enquête "Jésus-Christ" porte non seulement sur : "Qui était Jésus ?" mais aussi et surtout sur : "Pourquoi a-t-on fait de lui le Christ ?"

Pour tenter de répondre à ces deux questions, nous allons procéder en trois temps. D'abord, nous allons tenter de voir ce que l'on peut dire du Jésus historique, et nous allons le faire sans tenir compte des écrits du Nouveau Testament afin de ne pas être influencé par la présentation qu'ils donnent de Jésus, plusieurs dizaines d'années après sa mort. Ensuite, nous nous demanderons si les Évangiles peuvent néanmoins nous aider à comprendre la vérité de Jésus-Christ en dépit du fait que ces textes soient plus des confessions de foi *a posteriori* que des récits biographiques et historiques. Enfin, nous tenterons de comprendre comment et pourquoi le Jésus de l'histoire a pu, après sa mort, être confessé comme le Christ et le Fils de Dieu.

La quête du Jésus historique

Donc, que peut-on savoir du Jésus de l'histoire ? Depuis quelque temps, pour tenter de répondre à cette question, on ne cherche plus tellement à décrypter, sous l'"icône[3]" que nous donne

3. J'emploie ce mot pour insister sur le fait que les récits évangéliques ne sont en aucune manière une image photographique de l'existence historique de Jésus.

de lui le Nouveau Testament, ce qu'était réellement Jésus. En effet, aujourd'hui, on essaie plutôt de le caractériser par comparaison avec d'autres personnages de la même époque et du même milieu. La figure de Jésus y perd peut-être en spécificité (il n'est plus forcément considéré comme le seul à avoir parlé et agi comme il l'a fait) mais elle y gagne en crédibilité. De fait, des témoignages extérieurs au Nouveau Testament, et donc indépendants de la foi des premiers chrétiens, nous donnent des informations sur des personnages historiques que l'on peut rapprocher de Jésus et, par là, nous permettent de mieux cerner le profil de Jésus lui-même.

Nous allons donc tenter d'approcher le Jésus de l'histoire en glanant des informations sur d'autres "rabbis" et d'autres "Messies" de la même époque.

Jésus a sûrement eu une activité de guérisseur et, à ce titre, il devait avoir des points communs avec d'autres rabbis qui, comme lui, accomplissaient des miracles. On peut le rapprocher, par exemple, de Honi le Traceur de cercles, d'Onias le Juste et de Hanina Ben Dosa qui, au Ier siècle avant J.-C, ont été des guérisseurs reconnus[4]. De fait, Jésus a les mêmes compétences que d'autres thaumaturges du Ier siècle et sa façon de guérir un sourd-muet par exemple

4. Cf. Vermes, *Jésus le Juif* (traduction à Paris en 1978), cité par Daniel Marguerat dans "Le Jésus de l'histoire", in *Dictionnaire critique de la théologie*, Quadrige, PUF, 2002, p. 598-607. Nous tirons nos autres informations de ce même article.

(cf. Marc 7, 33) s'aligne sur des gestes thérapeutiques connus de la culture de l'Antiquité.

Autre point à propos de la forme et du contenu de la prédication de Jésus. La Mishnah (recueil d'enseignements de maîtres juifs des Ier et IIe siècles après J.-C.) montre que la quasi-totalité des propos du Sermon sur la montagne de Jésus ont une analogie étroite avec l'enseignement des rabbins de la même époque. Le fait de s'exprimer par paraboles était également fréquent chez eux. Ceci accrédite l'historicité des propos de Jésus rapportés dans les Évangiles. Mais la prédication de Jésus avait sans doute aussi sa spécificité : la radicalité de l'éthique du Sermon sur la montagne (ne pas résister aux méchants, ne pas se soucier du lendemain) est très différente du caractère raisonnable et casuistique de l'enseignement des sages de cette époque.

Ainsi, de son vivant, Jésus a sans doute été perçu comme un sage[5] au moins autant que comme un prophète messianique. Il enseigne la priorité de la loi éthique et intérieure sur la loi rituelle, mais, là aussi, il n'est pas le premier à le faire. Son insistance sur l'amour n'a rien d'unique. Le grand rabbin libéral Hillel, qui vécut une génération avant Jésus, disait la même chose. Mais Jésus, lui, tire de sa prédication de l'amour des conséquences beaucoup plus radicales : il n'exclut ni les collecteurs d'impôts, ni

5. C'est sans doute ainsi que le présentait le premier recueil de ses propos ("la source Q") dont on suppose l'existence bien qu'on ne l'ait jamais retrouvé.

les samaritains, il se laisse approcher et toucher par les malades.

Autre point. Tout comme Jésus, d'autres prédicateurs charismatiques ont fait de leurs gestes et de leur prédication une réactualisation du glorieux passé d'Israël, et en particulier de la sortie d'Égypte. Jésus n'a pas été le seul à être considéré comme un “nouveau Moïse”. Les prophètes messianiques se sont multipliés au Ier siècle de notre ère. Parmi eux, il y a bien sûr Jean-Baptiste, mais il y en a eu aussi d'autres. Peu après la mort de Jésus, un prophète samaritain entraînait une foule d'adeptes au mont Garizim avec la promesse de leur montrer la vaisselle sacrée que Moïse y avait enterrée. Le mouvement suscita d'ailleurs une répression tellement violente de la part des Romains que Ponce Pilate, qui l'avait commandité, fut muté. De même, un nommé Theudas rallia des centaines d'hommes à sa cause en leur promettant de traverser le Jourdain à pied sec. Par ailleurs, le livre des Actes (21, 38) fait état d'un autre prophète qui, selon Flavius Josèphe[6], prédisait que l'on verrait s'écrouler les murs de Jérusalem tout comme au temps de Jéricho.

Par ailleurs, selon toute vraisemblance, Jésus s'est violemment opposé aux rituels du Temple, à ses marchands, et à ses prêtres. En effet, la contestation des autorités juives de Jérusalem était fréquente à cette époque. Le courant de Jean-Baptiste en témoigne ainsi que celui des

6. Historien du Ier siècle après J.-C., auteur de *La guerre des Juifs* et des *Antiquités judaïques.*

Esséniens. On annonçait la disparition du Temple de Jérusalem dont les rituels cultuels étaient considérés comme pervertis par un clergé corrompu. Et on annonçait l'instauration d'un Temple nouveau qui serait une demeure digne de Dieu. Ainsi, Flavius Josèphe rapporte le cas d'un Jésus Ben Ananias qui parcourait Jérusalem en annonçant la ruine de la ville et de son Temple. Tout comme Jésus de Nazareth, il fut livré par les prêtres du Temple aux Romains qui le relâchèrent, l'estimant fou. Et quelques années après Jésus, Étienne fut lapidé par les autorités juives au motif qu'il s'opposait, tout comme Jésus, au Temple et à une interprétation trop stricte de la loi de Moïse (Actes 6, 13).

Enfin, l'activité de Jésus doit être située dans le contexte de la montée des messianismes protestataires contre l'occupant romain. À la mort d'Hérode le Grand (-4), une "guerre des brigands" fit surgir de nombreux prétendants messianiques au trône. Le berger Athrongès ceignit le diadème royal dans l'enthousiasme de ses fidèles. Au Ier siècle, Judas le Galiléen conduisit une campagne de refus de l'impôt et ses partisans furent écrasés par les légions romaines. Et Jean-Baptiste fut lui-même décapité par l'occupant, son activité étant considérée comme subversive.

Toutes ces figures contemporaines de Jésus permettent d'inscrire son message dans la mouvance de son temps, mais aussi de mieux cerner sa personnalité propre. Ce qui le caractérise, c'est qu'il n'est pas un ascète et qu'il prêche un Dieu de grâce qui "fait lever son soleil sur les justes et

sur les injustes" (Matthieu 5, 45). De fait, Jésus prêche une grâce égale pour les samaritains et les juifs (Luc 17, 11-19), les enfants (Marc 10, 13-16) et les femmes (Luc 8, 43-48). Il s'adresse aux petits, aux pauvres, à ceux qui ne sont pas en règle. Il partage ses repas avec les réprouvés et les femmes de mauvaise vie en anticipant ainsi le Repas du Royaume tel qu'il l'attend et le prêche.

Mais cette spécificité de la prédication de Jésus et la manière radicale dont il l'a mise en œuvre suffisent-elles à expliquer que c'est lui, qui, après sa mort, a été "promu" comme le Christ alors que les autres ont été définitivement oubliés ?

Peut-on retrouver le vrai Jésus à partir des Évangiles ?

Nous venons de tenter de cerner le message et l'activité de Jésus par comparaison avec ceux de ses contemporains, sans nous fonder sur les textes du Nouveau Testament. Mais, bien évidemment, nous nous demandons aussi si le Nouveau Testament peut nous faire découvrir et comprendre qui était le Jésus de l'histoire. Nous savons déjà que les épîtres de Paul nous aident peu dans ce sens. D'une part, Paul n'a pas connu le Jésus historique, d'autre part il construit la figure et l'"icône" du Christ sans se fonder sur ce qu'était le Jésus historique. Mais, dira-t-on, dans le Nouveau Testament, il y a aussi les trois évangiles synoptiques (Matthieu, Marc et Luc) qui, eux, semblent plus près du Jésus de l'histoire. Même si ces évangiles ne sont en aucune manière des biographies de Jésus, même s'ils ont

été écrits plusieurs dizaines d'années après la mort de Jésus, il n'en reste pas moins qu'ils mettent bien en scène un prophète, Jésus, qui prêche et qui meurt crucifié. Ils mettent en scène le Jésus de l'histoire.

Quel crédit peut-on leur accorder ? Quelle est la "vérité" de ces textes ? Peuvent-ils nous aider à saisir quelle était la "vérité" du Jésus historique ?

Il faut d'abord se rappeler que, à l'époque de Jésus, la notion de vérité historique n'existait pas. En fait, on ne se posait jamais la question de savoir si c'était "vrai" ou "pas vrai", si c'était de l'ordre du récit (c'est-à-dire d'une manière de raconter les choses) ou de la vérité historique. On ne se demandait pas plus si Adam avait effectivement vécu neuf cent trente ans ou si Josué avait effectivement arrêté le soleil (Josué 10, 13). On ne se posait pas la question de la vérité scientifique et historique des miracles, des résurrections et, de façon plus générale, des mythes et des récits fondateurs.

Pouvons-nous, malgré tout, retrouver la vérité de Jésus à partir des Évangiles ? Je pense que oui. Certes, les Évangiles ont fait de Jésus le "héros" d'un récit, d'une confession de foi et d'un programme missionnaire. Et pourtant, le fait que, à travers les Évangiles, nous n'ayons pas une photographie de la vie de Jésus mais seulement une interprétation de sa vic, de sa prédication et de son action, n'est pas un handicap rédhibitoire. Bien au contraire. En fait, les Évangiles nous font découvrir la "vérité" de Jésus

mieux que ne le feraient des récits strictement biographiques ou des rapports de police établis au jour le jour, de son vivant. La vérité de Jésus dépasse sa vérité historique.

Érasme[7] le dit clairement. Dans l'une de ses *Préfaces au Novum Testamentum*[8], il écrit que les récits évangéliques donnent une image vivante de Jésus, « au point que tu le verrais bien moins si, de tes yeux, tu le regardais face à face... Les Juifs le voyaient et l'entendaient moins que tu ne le vois et l'entends dans les récits évangéliques ». Autrement dit, même si les Évangiles n'ont pas à proprement parler un caractère historique, c'est bien pourtant la *vérité* du Jésus de l'histoire qu'ils nous font découvrir.

Pour faire comprendre ce point, André Gounelle[9] donne deux comparaisons tout à fait pertinentes : la vérité de l'esclavage nous parvient davantage par le récit *La case de l'oncle Tom* de H. Beecher-Stowe que par des documents historiques que l'on consulterait dans une bibliothèque. De même, la vérité de la violence de l'aviation allemande bombardant Guernica nous est donnée plus sûrement par le tableau de Picasso que par un film de cette attaque. En effet, la vérité que dévoilent *La case de l'oncle Tom* et

7. Érasme, 1467-1536, considéré comme le "prince de l'humanisme".

8. Cité par André Gounelle dans son livre *Parler du Christ*, Van Dieren Éditeur, 2003, p. 122.

9. André Gounelle, *Parler du Christ*, *op. cit.*, p. 122 et 123.

le *Guernica* de Picasso va au-delà de la vérité des faits historiques qu'ils relatent : c'est celle de l'esclavage et de la cruauté de la guerre. Ainsi, de la même manière, les Évangiles nous font découvrir, à propos de Jésus, une vérité qui va au-delà de la simple vérité strictement historique. Cette vérité, c'est celle de la force unique de la prédication de Jésus, celle de la valeur exemplaire de son martyre et celle de la radicalité révolutionnaire de la Bonne Nouvelle qu'il prêche. Le fait qu'un rabbi ait été persécuté n'a en soi rien d'exceptionnel ni de fondamental. Mais la manière dont les Évangiles relatent ce martyre est unique. Ils mettent en exergue la "vérité" et la signification de ce martyre, ce dont il est porteur, ce qu'il montre : la solitude de l'homme face à Dieu, à la mort et aux autres ; le fait que cette mort, parce qu'elle est acceptée, soit la mise en œuvre d'un paradigme, celui du Serviteur souffrant ; le fait que cette mort soit, en vérité, un acte de don et de salut pour les hommes. Et c'est cela qui compte.

Si les disciples ont confessé la résurrection du Christ, c'est parce que la "vérité" de la vie et de la mort de Jésus leur est apparue. Elle s'est dévoilée à leurs yeux. « Le Christ s'est fait voir. » Et « le Christ », c'est la vérité du Jésus historique. Pour que cette vérité leur apparaisse, il fallait sans doute qu'ils aient un certain recul. La Vérité n'apparaît qu'après coup. Elle se manifeste par une prise de conscience et une forme de "découverte". On "réalise" après coup. De même, la signification et la portée de la sortie d'Égypte

et du passage de la mer Rouge ne sont apparues que bien longtemps après les faits eux-mêmes.

On peut d'ailleurs ajouter que les Évangiles, même s'ils sont des textes plus catéchétiques que biographiques, révèlent aussi, presque malgré eux, la réalité historique de Jésus. Ils sont comme subvertis de l'intérieur par le Jésus de l'histoire. La réalité historique de Jésus transperce sous l'icône. Ni les Évangiles, ni même Paul, n'ont pu complètement oblitérer la réalité historique de la vie de Jésus, et celle-ci ressort quand même, en dépit du travail de recomposition et de réinterprétation qu'ils ont effectué pour rendre compte de la vérité de Jésus-Christ à leurs yeux. On peut en donner deux exemples.

• Le baptême de Jésus par Jean-Baptiste. Jésus a été baptisé par Jean-Baptiste et a d'abord été son disciple. On sent combien cette réalité historique met mal à l'aise les rédacteurs des Évangiles. Cela aurait été tellement plus simple pour eux si Jésus avait d'abord baptisé Jean-Baptiste. On sent clairement leur embarras, surtout celui de Jean, dans la manière dont ils relatent la scène du baptême. Ainsi, la réalité historique du baptême de Jésus par Jean-Baptiste en sort plus assurée. Non seulement la réalité des faits et gestes du Jésus historique perce à travers le texte des Évangiles, mais elle est mise en valeur par la gêne perceptible dans le récit.

• Autre exemple : l'évangile de Luc mentionne la présence de deux coupes de vin dans le récit du dernier repas de Jésus avec ses disciples

(Luc 22, 14-20) alors qu'on s'attendait à ce qu'il n'y ait qu'une seule coupe (comme par exemple dans le récit de l'institution de la Sainte Cène tel qu'il est relaté par Paul dans 1 Corinthiens 11, 23-26). Là aussi, cela aurait été tellement mieux pour Luc, si Jésus avait institué la Cène eucharistique avec une seule coupe. Par son "lapsus", le texte de Luc trahit et révèle plus fortement encore le fait que ce n'est pas la Cène eucharistique mais bien le repas de la Pâque juive[10] que Jésus a célébré. Jésus était juif et rien que juif du début à la fin de sa vie.

Ainsi, à plusieurs reprises, le Jésus de l'histoire crève la toile du tableau que les Évangiles ont donné de Jésus-Christ.

Du Jésus de l'histoire au Christ du christianisme naissant

Mais reprenons maintenant la question que nous posions plus haut. Comment expliquer que Jésus de Nazareth, alors qu'il avait été méconnu de son vivant, ait pu être confessé comme le Fils de Dieu, mort et ressuscité pour le salut des pécheurs[11] ? Comment expliquer que l'on ait pu enraciner sur le pivot de l'homme Jésus, crucifié

10. La célébration de ce repas se faisait avec quatre coupes de vin différentes, chacune ayant sa propre signification.

11. Nous avons développé plus longuement ce point d'une part dans notre contribution à l'ouvrage collectif *Jésus, de Qumrân à l'Évangile de Thomas* (dir. Alain Houziaux), Bayard 1999, et d'autre part dans notre ouvrage *Les grandes énigmes du Credo*, DDB, 2003.

sous Ponce Pilate, des notions aussi surnaturelles et même divines que celles de "Fils de Dieu" et de "Verbe de Dieu" ? Nous avons dit comment, sur le plan psychologique, la confession de la résurrection du Christ avait pu naître. Nous avons dit aussi comment, bien souvent, la signification et la portée des événements de l'histoire n'apparaissent qu'après coup. Mais cela ne suffit pas pour expliquer pourquoi Jésus est devenu le Christ de l'Église du Ier siècle.

Pour comprendre pourquoi et comment le Jésus de l'histoire a pu être confessé comme le Fils de Dieu, il faut se référer au vocabulaire et aux idées théologiques dans lesquelles se formulait la foi du judaïsme, *avant* la naissance de Jésus (aux Ier et IIe siècles avant J.-C.). Cela permet en effet de comprendre le sens des titres de "Fils de Dieu", "Logos" (Parole de Dieu), "Sauveur", qui ont été accordés ensuite à Jésus par le christianisme primitif. On a appliqué à Jésus des titres qui existaient déjà avant lui, un peu comme on a pu conférer à un Joseph Ratzinger le titre de Vicaire du Christ et de Souverain Pontife dont le sens avait été défini bien avant son élection au pontificat.

De fait, si l'on veut tenter d'expliquer la naissance de la foi chrétienne, il faut se référer non pas à ce que Jésus a prêché mais bien plutôt à la théologie du judaïsme d'avant Jésus-Christ. Aussi surprenant que cela puisse paraître, l'élaboration des axes directeurs de la confession de la foi en Jésus-Christ, Fils de Dieu et Sauveur du monde, s'est faite avant Jésus, à l'époque du judaïsme tardif (Ier et IIe siècles avant J.-C.). C'est en effet à

ce moment-là qu'ont été élaborés les titres qui ont ensuite été conférés et décernés à Jésus-Christ.

Pour comprendre pourquoi Jésus a été désigné comme le Fils de Dieu[12], il faut savoir ce que recouvrait ce titre dans certains milieux du judaïsme tardif (IIe et Ier siècles avant J.-C.). On faisait alors une distinction entre Dieu, habitant des cieux, et la Puissance divine qui intervenait dans le monde d'ici-bas, qui avait présidé à sa création et qui conduisait l'histoire[13]. Et, sous l'influence de la pensée hellénistique[14], cette Puissance a été nommée "Fils de Dieu" pour la distinguer de Dieu lui-même. Ainsi, avant Jésus et avant la naissance du christianisme, on confessait déjà que, à côté de Dieu lui-même, il y avait le "Fils de Dieu" c'est-à-dire, si l'on veut, la Main de Dieu (ou le Verbe-Parole-Logos de Dieu) agissant dans le monde. Or – et c'est là le point important –, dans le courant gnostique du judaïsme influencé par la pensée grecque, ce Fils a été personnifié[15]. On a considéré qu'il pouvait revêtir une forme humaine parce qu'Il était aussi

12. On peut dire aussi le "Verbe" de Dieu, le "Logos" de Dieu ou la "Parole" de Dieu. Les termes ont des significations très proches même s'ils ont été utilisés dans des périodes et des contextes différents.

13. Cette Puissance était appelée la Sagesse (cf. Proverbes 8) et aussi la Thora (la "Loi" selon laquelle avait été créé le monde).

14. Par exemple, chez le philosophe juif Philon d'Alexandrie, contemporain de Jésus.

15. Cf. Cullmann, *Christologie du Nouveau Testament*, Delachaux et Nieslé, 1958, p. 218.

considéré comme le porteur d'une révélation et du salut. Ainsi, à cette époque, on confessait déjà que le Fils de Dieu pouvait être "incarné" par un homme, un peu de la même manière qu'en 1940, on a pu considérer que la "Vérité" de la France éternelle était "incarnée" par le Général de Gaulle.

Il faut aussi ajouter que, dans le judaïsme tardif, l'idée d'incarnation d'une entité divine dans un élément concret de ce monde était usuelle. Ainsi, on avait déjà identifié la Parole de Dieu (qui était aussi appelée la Thora) avec les cinq premiers livres (le Pentateuque) de la Bible.

On comprend ainsi qu'un simple homme, Jésus de Nazareth, ait pu être considéré[16] comme l'incarnation du Fils (ou du Verbe) de Dieu, même si, à première vue, il semble difficile de faire le lien entre, d'une part, la Puissance créatrice de Dieu et, d'autre part, l'homme Jésus, le prophète de Galilée et le crucifié de Golgotha. Cette confession de Jésus comme incarnation du Fils de Dieu est devenue fondamentale pour les premiers chrétiens, et en particulier pour Paul[17] et Jean[18].

Autre point permettant d'expliquer pourquoi, subitement, dans les années 50 après J.-C.,

16. Cf. Jean 1, 2-4 ; Colossiens 1, 15-20.

17. Cf. Colossiens 1, 12-20.

18. C'est ce qui explique l'idée d'une préexistence du Christ avant Jésus et sa parole énigmatique : « Avant qu'Abraham fut, je suis » (Jean 8, 56-58). En tant qu'incarnation du Fils de Dieu, créateur du ciel et de la terre, Jésus-Christ est antérieur à Abraham.

on a considéré Jésus comme l'incarnation et la présence de Dieu dans le monde : Jésus a pris la place et a rempli la fonction du Temple de Jérusalem qui était considéré, dans le judaïsme tardif, comme le lieu de la Présence de Dieu sur cette terre. En effet, à l'époque de Jésus, le Temple ne pouvait plus être considéré comme le lieu de cette Présence car il souffrait d'un discrédit, la prêtrise étant corrompue et trop proche du pouvoir romain. On en est donc venu, dans certains milieux du judaïsme, à attendre la disparition de ce Temple de Jérusalem et la venue d'un Messie qui le remplacerait[19].

De fait, peu après, le Temple de Jérusalem a effectivement été détruit par les Romains. On comprend ainsi qu'on ait pu reporter sur Jésus ce que représentait le Temple. Il a pris la place, devenue vacante, du Temple de Jérusalem. Et il a alors été considéré, en lieu et place du Temple, comme l'incarnation de la présence de Dieu en ce monde. Ainsi, Jésus est devenu la nouvelle "tente[20]" de la présence de Dieu.

Pourquoi a-t-on considéré que la mort de Jésus sur la croix constituait un sacrifice qui apportait le salut au monde ? Il semble qu'à l'époque de Jésus, et un peu avant, la notion de sacrifice expiatoire et rédempteur était déjà

19. Ces idées avaient cours en particulier chez les Esséniens.

20. Cf. Jean 1, 14 : « Le Verbe s'est fait chair, il a établi sa tente parmi nous. »

reconnue[21], du moins dans certains milieux du judaïsme. Le titre de Sauveur était déjà utilisé. Or, il se trouve que la mort de Jésus a pu être considérée comme sacrificielle et salvatrice et ce, même sur le plan de la réalité historique. En effet, la mise à mort de Jésus a permis d'éviter une révolte du peuple juif contre Rome et, par là même, la répression sanglante qui en aurait été la conséquence inévitable. Ainsi, la crucifixion de Jésus a effectivement pu sauver de la mort bien des habitants de Jérusalem[22]. On a donc pu voir en Jésus un Sauveur dont la mort avait permis que le peuple ne périsse pas[23]. Et c'est pour cela qu'on l'a considéré comme l'incarnation du Serviteur souffrant, annoncé par le prophète Esaïe[24], qui avait pour mission de mourir pour le salut du peuple. Il est même très probable que Jésus lui-même ait eu la conviction

21. Dans le judaïsme du Ier siècle avant J.-C., on considérait qu'Isaac avait accepté d'être sacrifié par son père Abraham et que ce "sacrifice", effectué le jour de la Pâque (selon le livre des Jubilés I 7, 15 et 18, 3) avait eu un pouvoir rédempteur vis-à-vis de tous les enfants d'Israël (cf. Exode Rabba 44, 5).

22. Le fait que quelques années plus tard, à la suite de la prédication d'un prophète samaritain, de nombreux juifs de Jérusalem aient été massacrés par les légions romaines montre bien que la mort de Jésus a vraisemblablement sauvé d'un massacre les juifs de cette ville.

23. De fait, si les autorités juives et romaines ont décidé de mettre à mort Jésus, c'est parce qu'elles voulaient ainsi "sauver" le peuple. Elles ont considéré qu'« il valait mieux qu'un seul homme meure pour le peuple et que la nation entière ne périsse pas » (Jean 11, 50).

24. Cf. en particulier Esaïe 53.

qu'il était ce Serviteur souffrant qui devait mourir pour le salut d'une multitude.

De même, c'est le contexte de l'époque et les articles de foi du judaïsme tardif (antérieurs à Jésus) qui permettent d'expliquer la foi en la résurrection de Jésus-Christ. En effet, depuis l'époque des Macchabées (IIe siècle avant J.-C.), certains courants du judaïsme professaient que ceux qui étaient morts jeunes et martyrs pour leur foi face à l'occupant romain pouvaient ressusciter (c'est-à-dire bénéficier d'une vie, dans le Royaume de Dieu, après leur mort). On ne s'étonnera donc pas que la confession de la résurrection de Jésus ait pu apparaître et se propager[25].

Ainsi, sous l'influence de Paul en particulier, le christianisme naissant a transféré sur Jésus-Christ les figures du Fils de Dieu, du Logos, du Grand Prêtre, du Serviteur souffrant et même du Temple qui appartenaient déjà à la théologie du judaïsme tardif des Ier et IIe siècles avant J.-C.

Bien sûr, on peut s'étonner que l'on ait pu amalgamer des entités aussi résolument métaphysiques et divines que "le Verbe" ou "le Fils de Dieu" avec un simple homme tel que Jésus de Nazareth. Mais le procédé était usuel à l'époque. De plus, un certain nombre d'éléments

25. Dans les écrits de Paul, la notion de "résurrection" est quasiment identique à celles de glorification, de justification, de réhabilitation. La notion de résurrection physique de Jésus en ce monde n'a été reconnue que plus tardivement, à l'époque de la rédaction des Évangiles de Matthieu et Luc.

historiques de la vie de Jésus ont favorisé cette identification, en particulier son martyre, son opposition au Temple et, sans doute, sa conviction d'être le Messie qui devait s'offrir pour le salut des pécheurs.

Il faut cependant mentionner que plusieurs courants du christianisme naissant n'ont pas vu Jésus comme l'incarnation du Logos et du Fils de Dieu. Ils avaient du prophète de Galilée une conception beaucoup plus humaine et voyaient en lui un maître de sagesse. Mais ces courants (celui des nazoréens[26] et des ébionites[27]), parce qu'ils ne se sont pas imposés, ne sont pas représentés dans le Nouveau Testament.

Il reste bien sûr une question : pourquoi les concepts de Logos et de Fils de Dieu (entre autres) ont-ils été transférés sur Jésus de Nazareth, et non pas, par exemple, sur Jean-Baptiste, Étienne, Theudas ou Judas le Galiléen ? Il est certes difficile de répondre à cette question. Certains diront que c'est à cause de la force extraordinaire de la prédication de Jésus et de la résonance prise par son martyre. D'autres diront qu'il faut y voir le dessein de Dieu lui-même qui a ressuscité Jésus de l'oubli et de la mort.

26. Les nazoréens (ou nazaréens) étaient des judéo-chrétiens issus de la communauté de Jérusalem dont Jacques était le chef.

27. Les ébionites (terme dérivé de l'hébreu *ebion*, pauvre) étaient des judéo-chrétiens issus de la première communauté chrétienne de Jérusalem. Certains étaient influencés par le gnosticisme et refusaient de considérer Jésus comme le Fils de Dieu.

Conclusion : La Révolution du Christ

Ainsi, on le voit, il n'est pas aisé de répondre à la question : Comment a pu naître la foi au Christ ? Comment le christianisme a-t-il commencé et pourquoi ? Il semble bien difficile d'imputer l'apparition de cette foi au seul Jésus historique, et pourtant il serait tout à fait inexact de considérer qu'il n'y a été pour rien.

Pour mieux réfléchir à cette question du "commencement" du christianisme, on peut faire un parallèle avec le commencement de la Révolution française[28]. On le situe au 14 juillet 1789. Pourquoi cette date ? Avant ce 14 juillet, il s'était pourtant passé bien des choses : Voltaire, Rousseau, les cahiers de doléances... Et le 14 juillet 1789, d'un point de vue historique, il ne s'est pas passé grand-chose. Sur son journal personnel, Louis XVI note, à cette date : « Rien. » Une poignée d'émeutiers pénètre dans une vieille forteresse à peine défendue et délivre six ou sept prisonniers de droit commun. Mais le fait prendra une valeur considérable, et l'année suivante, le 14 juillet 1790, il fera l'objet d'une commémoration, qui, après coup, "créera" l'événement de la Prise de la Bastille comme origine de la Révolution.

De la même manière, avant la naissance de Jésus régnait un climat fait d'attente d'un Messie et d'espérance d'une réforme du judaïsme, en particulier du culte sacrificiel du Temple. Avec

28. Cet exemple est donné par André Gounelle dans son livre *Parler du Christ*, Van Dieren Éditeur, 2003, p. 119.

le Jésus historique, que s'est-il passé effectivement ? Peut-être pas grand-chose de vraiment décisif qui pourrait expliquer ce qui s'est passé ensuite. Mais, après coup, la prédication des apôtres et de Paul a "créé" l'origine de la foi nouvelle dans l'"événement" de la vie, de la mort et de la résurrection de Jésus-Christ.

Certes, le décalage entre le Jésus de l'histoire et le Christ du christianisme primitif peut nous laisser pantois. Il ne doit pas pour autant nous désarçonner. Il montre seulement que les premiers chrétiens ont élaboré leur foi en Jésus-Christ non seulement parce qu'ils ont été frappés par la prédication et par le martyre de Jésus, mais aussi en fonction de leurs attentes et des conceptions de leur temps.

Certaines des formulations de cette foi peuvent nous paraître déconcertantes, mais d'autres, en revanche, nous sont restées plus accessibles. Il faut noter que ce sont celles qui, à première vue, étaient peut-être les plus étranges (celles qui identifiaient l'homme Jésus au Verbe de Dieu et au Fils de Dieu) qui ont eu le retentissement le plus profond. En effet, la foi en un Dieu qui s'incarne dans l'homme Jésus est devenue le centre et la spécificité de la foi chrétienne. Ce que Paul et Jean avaient prêché de manière souvent malhabile a eu une résonance immense dans nos cœurs. En fait, ce qui a promu le christianisme, c'est la force de ses paradoxes, tout comme ce qui a promu la victoire et la résurrection du Christ, ce sont son échec et sa crucifixion.

C'est là, à mon sens, le mystère, le miracle et la vérité extraordinaire de la foi chrétienne : affirmer que la puissance de Dieu se manifeste dans ce qui est faiblesse et folie aux yeux des hommes. Cette puissance de Dieu s'incarne dans l'homme Jésus, méconnu et échoué dans son temps. Face à toutes les idéologies de la réussite qui encombrent nos magazines et nos esprits, la vérité est là : Dieu s'est donné pour fils un homme méconnu et rejeté.

Un dernier mot. Incontestablement, en dépit des explications que nous avons proposées, la naissance du christianisme à partir de ce Jésus incompris et crucifié reste une énigme et plus encore un mystère. Il n'y a donc rien d'étonnant à ce que l'on y ait vu la main de Dieu. Il nous faut le reconnaître clairement et humblement, nous ne pouvons pas cerner le fondement historique de notre foi au Christ, et pourtant c'est cette foi qui nous anime. On peut traduire ceci par une image : je ne peux voir le fond de mon œil et c'est pourtant grâce à lui que je vois[29]. Je ne peux discerner le fondement de ma foi, et c'est pourtant grâce à elle que je "marche".

29. Nous devons cette image à notre ami Bernard Sauvage. Qu'il en soit remercié. Les livres de sciences ajouteront : l'œil ne peut voir que grâce à la tache aveugle (laissée par le nerf optique) au fond de l'œil.

MÉTHODES ET RÉSULTATS D'UNE ENQUÊTE HISTORIQUE

par Michel Quesnel

À propos de Jésus comme de bien d'autres héros de l'Antiquité ou de l'histoire plus récente, si l'on pose brutalement la question : « Historiquement, de quoi est-on sûr ? », il faut d'abord répondre : de rien ! Car on n'est jamais sûr de rien en histoire. Le passé est mort ; l'histoire le met en récit, mais ne le ressuscite pas. En outre, la mémoire n'est pas spontanément fiable. L'historien ne dispose que de documents sources qu'il doit, dans chaque cas, soumettre à des analyses critiques.

On n'est pas sûr qu'un homme ait marché sur la lune, le 21 juillet 1969 ; des sceptiques ont fait l'hypothèse qu'il s'agissait d'images virtuelles de propagande intégrées dans un montage américain. Un peu plus loin de nous, Jean-Baptiste Pérès, un essayiste du XIXe siècle, a publié en 1827, c'est-à-dire six ans environ après la mort présumée de l'empereur Napoléon Ier, un libelle ainsi intitulé : *Comme quoi Napoléon n'a jamais existé, ou grand erratum source d'un nombre infini d'errata à noter dans l'histoire du XIXe siècle.* Son argumentation, volontairement paradoxale, ne manque pas d'appuis : cet homme venant d'une île, dont la mère s'appelait « Joie », dont l'image s'est imposée comme celle d'un soleil environné d'étoiles (ses maréchaux) – et l'on pourrait allonger la liste – ne peut être qu'un mythe.

Ainsi, tous les humains qui eurent une grande postérité sont devenus des héros de légende. On parle, d'ailleurs, communément, de « légende napoléonienne ». Et l'on peut en dire autant de Shakespeare, de Socrate, d'Homère et de nombreux autres.

S'interroger sur l'histoire de Jésus impose alors, au départ, de faire un inventaire aussi complet que possible des sources disponibles ; on examinera ensuite la façon de les traiter et, dans un troisième temps, on fera part des résultats de ce travail.

Des sources exclusivement littéraires

Jésus de Nazareth n'a construit aucun bâtiment, on n'a retrouvé aucune trace connue de son lieu d'habitation, et il n'a lui-même laissé aucun écrit. On se plaît souvent à constater avec humour qu'il n'a jamais écrit que sur le sable, si l'on en croit l'épisode de la femme adultère (Jean 8, 6-8), c'est-à-dire sans laisser de traces. Pas de traces archéologiques ni épigraphiques directes, donc. Les sources à disposition sont uniquement des documents littéraires composés par d'autres ; par rigueur de méthode, on en limitera l'inventaire à des documents rédigés dans les cent ans qui ont suivi sa mort, c'est-à-dire jusque dans les années 125-130 de notre ère. On constate en outre que les sources les plus nombreuses, et de loin, sont des écrits rédigés par des disciples ou des disciples de disciples. Disons, pour faire bref, des documents chrétiens. Cette constatation commande la classification que nous proposons ci-dessous.

Les sources chrétiennes

Les sources les plus importantes, quantitativement parlant, sont les quatre évangiles et les autres écrits du Nouveau Testament, soit vingt-sept livres en tout. On les appelle « sources canoniques », car elles ont été retenues par les Églises chrétiennes, en plus des Écritures juives, comme le canon – ou la règle – de leur foi. Elles ont fait l'objet de copies successives, ce qui a pour résultat qu'on en possède un très grand nombre de manuscrits, dont quelques-uns sont presque contemporains de l'époque de leur rédaction.

Ce nombre et cette proximité chronologique constituent même une situation unique pour l'Antiquité. Virgile ou César, par exemple, sont beaucoup moins bien servis par la tradition manuscrite que le Nouveau Testament.

Au Nouveau Testament il faut ajouter les sources apocryphes. Le mot « apocryphe », qui signifie « secret, caché », désigne des documents qui n'eurent pas de caractère public dans la vie des Églises. De nombreux écrits apocryphes sont tardifs par rapport aux événements dont ils sont l'écho ; cette situation n'est cependant pas constante. Deux évangiles apocryphes, dont nous possédons de larges extraits pour l'un et une traduction du texte complet pour l'autre, sont assez généralement datés des années

125-130, à savoir l'évangile de Pierre et l'évangile selon Thomas[1].

Enfin, troisième catégorie de sources chrétiennes ; est parvenu jusqu'à nous un autre ensemble d'œuvres rédigées par des auteurs chrétiens jusque dans les années 125-130, qui n'ont pas été insérés dans le Nouveau Testament. On les désigne par le nom d'écrits des Pères apostoliques, parce que rédigés par des Pères de l'Église des premières générations. Citons, par exemple, l'épître aux Corinthiens de Clément de Rome, les lettres d'Ignace d'Antioche, ou encore la Didachè, terme qui signifie « enseignement », un écrit anonyme d'origine syrienne[2].

À la différence des sources non chrétiennes, ces écrits ont tous en commun le fait que leurs auteurs considéraient Jésus de Nazareth comme beaucoup plus qu'un sage ou un prophète juif. Il était pour eux le Seigneur ressuscité, ce qui a pu contribuer à enrichir son image de traits légendaires.

Les sources juives

Le seul historien juif contemporain des auteurs du Nouveau Testament et pouvant être

1. Une édition scientifique de cet ensemble de textes est depuis peu accessible en français : *Écrits apocryphes chrétiens*, « Bibliothèque de la Pléiade », 2 vol., Paris, Gallimard, 1997 et 2005.

2. Traduction française accessible en édition de poche : *Les écrits des Pères apostoliques*, « Foi vivante », Paris, Éditions du Cerf, 1990.

considéré comme source pour l'histoire de Jésus est Flavius Josèphe (mort aux alentours de l'an 100 de notre ère). Il lui consacre une notice de quelques lignes dans ses *Antiquités judaïques* (XVIII, 63-64), qui a fait l'objet d'études nombreuses. Elle est très favorable au prophète de Nazareth, au point même que l'on a fait l'hypothèse qu'elle avait été retouchée par des copistes chrétiens[3].

Les mentions de Jésus qui figurent dans le Talmud ou dans des légendes juives médiévales sont trop tardives pour être considérées comme des documents pouvant servir de source à l'histoire. Elles ont cependant un intérêt : bien que polémiques et très réservées sur le personnage et le groupe de ses disciples, aucune d'entre elles ne conteste l'existence historique de Jésus. Quant aux célèbres manuscrits de la mer Morte, fort intéressants pour la connaissance du judaïsme au Ier siècle de notre ère, ils ne mentionnent ni Jésus ni le groupe de ses disciples, que ce soit de façon explicite ou même voilée.

Les sources romaines

La personne de Jésus n'est pas totalement ignorée des auteurs latins antiques. Trois auteurs écrivant entre les années 110 et 120, à savoir Tacite et Suétone, tous deux historiens, et l'avocat Pline le Jeune, en font de brèves

3. Traduction française et discussion dans notre ouvrage *Jésus, l'homme et le Fils de Dieu*, Paris, Flammarion, 2004, p. 35-39. Nous renverrons plusieurs fois à cet ouvrage.

mentions, non pas pour rendre compte des événements qui se déroulèrent en terre juive, dont ces aristocrates romains n'avaient que faire, mais à propos des agissements de groupes chrétiens dans l'Empire, groupes qui se réclamaient d'un personnage appelé Christ[4].

Les autres sources possibles[5]

Pour compléter l'inventaire des documents littéraires souvent cités, il faudrait encore ajouter que Jésus est plusieurs fois nommé dans le Coran, et que l'islam le considère comme un de ses prophètes. Le texte écrit ne remonte cependant qu'au VIIe siècle, bien en deçà de la période pour laquelle on peut parler de sources.

Enfin, si l'on a remarqué que Jésus lui-même n'avait laissé aucune trace archéologique directe, on n'oubliera pas quelques vestiges qui parlent, sinon de lui, au moins de personnages mêlés à son histoire : il en est ainsi d'une inscription découverte à Césarée en 1961, qui indique le nom de Pilate. Des vestiges archéologiques peuvent aussi illustrer son mode de vie, comme les ruines de la ville de Capharnaüm, bien dégagées, ou encore une barque de pêcheurs datée par le carbone 14 du Ier siècle, que l'on a sortie de la vase en 1986, sur la côte du lac de Tibériade.

4. Tacite, *Annales*, XV, 44 ; Suétone, *Vie de Claude*, XXV ; Pline le Jeune, *Lettres*, X, 96. Traduction et présentation de ces textes dans notre ouvrage cité en note 3, p. 39-42.

5. Voir encore notre ouvrage, p. 46-55.

Un travail d'historien minutieux

Avant d'aborder les méthodes qui permettent d'exploiter les sources disponibles, il convient de rappeler deux principes critiques à respecter, sous peine d'écrire l'histoire de façon insatisfaisante ou tendancieuse. En premier lieu, tous les documents méritent d'être critiqués avec une rigueur comparable. Leur appartenance à l'une des catégories nommées ci-dessus ne doit entraîner aucun présupposé de fiabilité ou de méfiance. Tacite n'est pas *a priori* plus fiable que Matthieu ou Jean. Les évangélistes ont, certes, un point de vue particulier lié à leur foi, mais Tacite a aussi le sien : il considère tout courant religieux venu d'Orient comme une « détestable superstition », ce qui conditionne singulièrement son propos. De façon analogue, un évangile apocryphe n'est pas *a priori* meilleur ou plus mauvais témoin qu'un écrit du Nouveau Testament ; les uns et les autres ont été écrits à la lumière de la foi chrétienne, et sont conditionnés par les courants de pensée qui traversaient les Églises dans lesquelles ils ont été composés.

Un second principe critique mérite encore d'être souligné, nécessaire à rappeler pour nos contemporains qui apportent plus facilement leur adhésion à ce qu'ils considèrent comme du concret : un document archéologique n'est pas *a priori* une meilleure source qu'un document littéraire. Une poterie ou un caillou trouvé au cours de fouilles ne parle pas plus spontanément qu'un texte ; tout objet doit nécessairement être interprété. L'histoire est suffisamment riche en fausses interprétations de vestiges archéologiques

pour que l'on soit, dans ce domaine comme pour les questions littéraires, très prudent.

Cela dit, le fait que les sources les plus abondantes soient chrétiennes a conduit les historiens à les soumettre à un examen critique particulièrement minutieux. La place que Jésus tenait dans des communautés humaines qui le vénéraient comme leur Seigneur a pu conduire, comme on l'a déjà remarqué, à enrichir sa figure de traits légendaires. Le départage de l'histoire et de la légende est loin d'être aisé. Pour tout compliquer, on constate que les témoignages ne sont pas toujours concordants d'une source à l'autre. Lorsque deux évangélistes donnent une présentation différente des événements, et pis, lorsqu'ils se contredisent, comment est-il possible de savoir lequel a raison contre l'autre ? Cela ne justifie-t-il pas une légitime méfiance à leur égard ?

Paradoxalement, le fait que des témoignages se contredisent, s'il exige une acuité critique très fine, est en même temps un indice de sérieux. Il prouve au moins que les sources n'ont pas été fabriquées de toutes pièces pour accréditer une simple légende. Des faussaires voulant donner une allure fiable à des traditions purement légendaires auraient eu un souci de cohérence pour les faire accréditer. Les divergences mêmes sont un indice, sinon de fiabilité point par point, au moins d'authenticité globale.

Les divergences constatées entre les témoignages et la présence d'éléments légendaires dans les récits rendent les choix de l'historien difficiles.

Écrire l'histoire à partir des textes nécessite de les soumettre à des critères d'historicité rigoureux. Cinq ou six critères ont été progressivement élaborés depuis une quarantaine d'années. Arrêtons-nous sur deux d'entre eux, à titre d'exemple[6].

Le critère de dissemblance

L'un des plus radicaux est appelé « critère de dissemblance, de discontinuité ou d'embarras ». Il conduit à considérer comme historiquement probable un événement (ou une parole) à la fois attesté par une ou plusieurs sources, et non conforme à la figure de Jésus telle qu'elle était vénérée dans les premières communautés chrétiennes. S'il sert peu ou mal son image, il peut, en effet, difficilement avoir été inventé.

L'un des événements qui répond le mieux à ce critère est le baptême de Jésus par Jean Baptiste. Les quatre évangélistes canoniques rapportent un séjour de Jésus auprès de Jean, avant qu'il ne devienne lui-même prédicateur. Deux seulement rapportent sans ambiguïté que Jean baptisa Jésus : Marc (1, 9-11) et Matthieu (3, 13-17). Luc est plus flou dans la mesure où le récit du baptême de Jésus se trouve placé dans le texte après l'emprisonnement de Baptiste (3, 19-22). Et le quatrième évangile ne le mentionne pas. Que penser de cette situation ? Elle entraîne la quasi-certitude que Jésus fut baptisé par Jean Baptiste. Dans les Églises primitives, en effet, Jésus était considéré

6. Pour un inventaire plus complet, voir notre ouvrage cité en note 3, p. 57-75.

comme plus grand que Jean ; or, le fait qu'il ait été baptisé par lui le met en situation d'infériorité. Autrement dit, les évangélistes qui ont rapporté le baptême de Jésus par Jean n'ont pu le faire, si l'on peut s'exprimer ainsi, qu'à contrecœur ; ils ne l'ont certainement pas inventé.

Ce critère, très radical, ne peut évidemment pas être le seul. S'il arrive aux auteurs d'évangiles de rapporter des événements ne correspondant pas au contenu de leur foi, ce ne peut être qu'occasionnel ; leur intention est plutôt de la servir. D'autres critères sont donc nécessaires, comme celui que l'on appelle communément « critère d'explication suffisante ». Il consiste à accorder une grande probabilité historique à un événement qui peut être considéré comme la cause directe ou indirecte d'un autre, lui-même suffisamment fiable. Donnons-en deux exemples, à partir de deux questions.

Le critère d'explication suffisante

Jésus a-t-il historiquement existé, ou son histoire même est-elle purement fictive ? Postuler qu'il n'ait pas existé est peu défendable. Car comment expliquer l'existence du mouvement issu de lui et de l'Église qui s'est déployée sur vingt siècles, mieux que par l'hypothèse qu'il a réellement vécu ? Il eût fallu que les premiers apôtres eussent été particulièrement habiles, pour monter de toutes pièces unc telle histoire !

Quelles sont les causes de la mise à mort de Jésus ? Sa crucifixion, là encore historiquement

peu contestable car elle en fait un être maudit bien peu conforme au Seigneur vénéré par les Églises chrétiennes, fut l'aboutissement d'événements sur la nature desquels il est bon de s'interroger.

Pendant des siècles, on a considéré comme cause de cette exécution les polémiques violentes qui opposèrent Jésus aux Pharisiens, en se fondant sur les données fournies par certains évangélistes (par exemple Marc en 3, 6). Mais cela est peu probable. Les débats entre maîtres étaient courants et souvent très vifs au Ier siècle, ils n'avaient pourtant pas pour conséquence que les gens s'entretuent. Jésus est mort crucifié, c'est dire qu'il fut soumis à un supplice romain. Les interlocuteurs habituels de Pilate, le gouverneur romain, n'étaient pas les pharisiens mais les grands prêtres, garants de l'ordre public auprès de l'autorité romaine. La cause directe la plus vraisemblable de la mise à mort de Jésus fut le geste impie qu'il accomplit dans le Temple de Jérusalem, quelques jours après le dimanche des Rameaux. Il mettait en cause la légitimité du lieu le plus sacré du judaïsme, il déstabilisait l'équilibre fragile entre la puissance occupante et le peuple occupé. Le gêneur devait être supprimé ; les grands prêtres l'obtinrent de Pilate, les uns et les autres ne s'embarrassant pas trop de l'exécution expéditive d'un homme du peuple, pourvu qu'elle sauvât les situations acquises.

Quelques résultats assez assurés

On vient de le souligner : il est hautement vraisemblable que Jésus a existé. L'importance

constatable par tous du mouvement issu de lui est plus explicable si l'on pose son existence historique comme hypothèse, que si l'on prend sa personne, son message et sa vie pour des inventions légendaires montées par un groupe de personnes particulièrement habiles.

Mort et naissance de Jésus

La date de sa mort est connue avec un bon degré de vraisemblance. Les témoignages concordent sur le fait que Jésus fut crucifié à Jérusalem, sur l'ordre de Ponce Pilate, gouverneur romain de Judée et de Samarie de 26 à 36 de notre ère, plus tard démis de sa charge par les autorités impériales pour avoir commandité un massacre un peu trop zélé de Samaritains.

L'année précise de la mort de Jésus est cependant débattue, car les données évangéliques divergent sur un point. Il est assuré qu'il mourut un vendredi, mais ce vendredi tombait la veille de la fête juive de la Pâque, c'est-à-dire le 14 du mois juif de Nisan, si l'on en croit le témoignage de Jean ; les indications des évangiles synoptiques (Matthieu, Marc et Luc) font plutôt coïncider ce vendredi avec le jour même de la Pâque, soit le 15 nisan. Tous calculs faits, cela donne, en calendrier occidental moderne, le vendredi 27 avril 31 selon les données des Synoptiques, ou le vendredi 7 avril 30 si l'on se fie plutôt à saint Jean. Face à cette double possibilité, les historiens se prononcent habituellement en faveur des indications fournies par le quatrième évangile. Bien qu'ayant laissé une

réputation de maladresse et de cruauté, Pilate n'a sans doute pas ordonné une série de crucifiements le jour même de la Pâque, la plus grande fête juive de l'année. Pour cruel et sans scrupules qu'il fût, il n'avait aucun intérêt à provoquer inutilement un soulèvement populaire.

On est beaucoup moins assuré à propos de la naissance de Jésus, tant sur la date que sur le lieu. L'état civil ou son équivalent n'existant pas dans l'Antiquité, on ignorait la date de naissance des gens, sauf s'ils étaient de haute lignée. Les évangiles selon Matthieu et Luc, les deux seuls qui s'intéressent à l'enfance de Jésus en dehors d'évangiles apocryphes nettement plus récents, indiquent de façon concordante que Jésus naquit sous Hérode le Grand, qui mourut lui-même en l'an 750 de la fondation de Rome. Le calendrier occidental moderne, qui fait démarrer l'ère chrétienne à la naissance de Jésus, s'est fondé sur les calculs d'un moine nommé Denys le Petit, mort en 545, qui fixa Noël au 25 décembre de l'an 753 de la fondation de Rome, se trompant ainsi d'une double manière : d'une part parce qu'il choisit le 25 décembre, date traditionnelle depuis le IVe siècle mais qui n'a aucune justification historique ; d'autre part en faisant naître Jésus après la mort d'Hérode, ce que contredisent les textes.

Les historiens retiennent habituellement que Jésus naquit sans doute quelques mois avant la mort d'Hérode, donc en 748 ou 749 de la fondation de Rome, ce qui correspond à 5 ou 6 avant le début de l'ère dite chrétienne !

Le témoignage des textes est plus constant concernant le lieu de sa naissance. Matthieu et Luc la placent à Bethléem, petite ville de Judée située à une dizaine de kilomètres au Sud de Jérusalem. Bien qu'unanime, ce témoignage est cependant contesté, car des raisons théologiques ont pu contribuer au choix de cette ville. Bethléem est en effet la ville de David ; Jésus, considéré comme le Messie d'Israël par les premiers chrétiens, est traditionnellement nommé « Fils de David » ; le titre peut avoir influencé le choix du lieu. Tout au long de sa vie terrestre, Jésus sera plutôt considéré comme un Galiléen de Nazareth ; c'est aussi ce que laisse entendre l'évangéliste Jean (7, 41-42). Placés devant ce dilemme, les historiens hésitent entre Bethléem et Nazareth. Le consensus n'est pas fait.

Les frères et sœurs de Jésus

Une autre question débattue à propos de sa famille est de savoir s'il eut des frères et des sœurs plus jeunes que lui, ce qui va dans le sens le plus obvie des textes. Les noms des frères sont même connus : Jacques, Joset, Jude et Simon (Marc 6, 3). Saint Jérôme (mort à Bethléem en 420) donne une explication large des termes « frères » et « sœurs », en les interprétant comme désignant des proches parents ; car il est vrai que le terme « cousin » est exceptionnel dans le Nouveau Testament[7]. Une autre hypothèse, souvent retenue par les Églises orientales et favorisée par des évangiles apocryphes tardifs, considère ces frères et

7. Il n'est employé qu'une fois en Colossiens 4, 10.

sœurs de Jésus comme des enfants nés d'un premier lit de Joseph, qui aurait épousé Marie, mère de Jésus, après un veuvage. La plupart des historiens modernes se prononcent cependant en faveur de jeunes frères et sœurs de Jésus, nés de Marie et de Joseph. La probabilité est grande ; il serait cependant abusif de parler ici de certitude[8].

À mesure que l'on entre dans le détail de l'existence de Jésus, le degré de certitude baisse. De toute façon, on ignore tout des trente années qui s'écoulèrent entre sa petite enfance et son séjour auprès de Jean Baptiste. L'évangile de Luc construit une fort jolie scène où il place Jésus au Temple parmi les docteurs, alors qu'il a douze ans et manifeste déjà une science des Écritures et une sagesse étonnantes (Luc 2, 41-52) ; sa valeur historique est très contestée.

La prédication de Jésus

On s'interroge aussi sur le temps que dura sa prédication. Les évangiles synoptiques ne permettent aucunement de le déterminer. L'évangile de Jean, qui fournit plus d'indications chronologiques que les autres, mentionne pendant sa mission trois fêtes de la Pâque, en comptant celle qui coïncida à vingt-quatre heures près avec la date de sa mort[9]. S'il mourut lors de la Pâque

8. L'hypothèse fait en effet difficulté avec le texte de Marc 15, 40 qui nomme, au calvaire, une certaine « Marie mère de Jacques le Petit et de Joset » ; si elle était aussi la mère de Jésus, l'évangéliste aurait sans doute utilisé une autre expression que celle qu'il emploie.

9. Jean 2, 13 ; 6, 4 ; 11, 55.

de l'année 30, les deux précédentes sont à situer au printemps de l'an 28 et de l'an 29, ce qui situerait le début de la prédication de Jésus aux alentours de l'automne 27. C'est une datation vraisemblable, qui reste cependant conjecturale.

Au début de sa prédication, Jésus fut un prédicateur écouté. Il semble que son message trancha sur celui d'autres maîtres de la même époque, ce qui lui permit de réunir autour de lui un groupe de disciples qui, pas plus que lui, n'avaient fréquenté les écoles. Il pratiquait une exégèse ouverte de la Tora juive, à l'instar de certains maîtres pharisiens qui l'avaient précédé, dont rabbi Hillel l'Ancien, plus âgé que lui d'une cinquantaine d'années. Il se distinguait pourtant d'eux en étant beaucoup plus tolérant vis-à-vis de personnes ne respectant ni les règles de pureté ni les règles morales. Pécheurs et prostituées trouvaient auprès de lui bon accueil. Ses sentences de sagesse s'appuyaient sur des historiettes dont il n'est pas l'inventeur mais dont il est le maître incontesté dans l'histoire mondiale : les paraboles.

À cette personnalité de sage, il faut joindre celle d'un prophète, au point que les historiens se demandent quel était l'aspect dominant de sa prédication : message prophétique ou message de sagesse ? Car il est incontestable qu'il annonça aussi l'avènement de temps nouveaux, qu'il appelait « le Règne (ou le Royaume) de Dieu », pour lequel il invitait ses contemporains à se mettre en marche. De quoi s'agissait-il ? D'un temps déjà advenu ? D'un temps

plutôt futur ? Les deux aspects semblent coexister. Et quelle place avait, dans cette annonce, la purification du pays par le départ des occupants romains ? Certains historiens la considèrent comme grande, d'autres comme pratiquement nulle.

Que l'on croie ou non aux miracles, sa prédication fut accompagnée par une activité de thaumaturge, et il présentait les guérisons qu'il opérait comme un signe du Royaume de Dieu proche ou déjà là. Les maîtres juifs méprisaient volontiers une telle pratique, suspectée de favoriser une religiosité populaire exaltée, indigne de la Tora et de ses exigences.

Une figure qui échappe

Un tel tableau fait finalement de Jésus un maître inclassable, proche des pharisiens par la prédication mais moins élitiste qu'eux, proche des agitateurs de son temps mais sans violence, thaumaturge mais méfiant vis-à-vis de son propre succès. C'est de l'aristocratie sacerdotale juive qu'il est le plus éloigné. C'est elle qui, après le scandale au Temple, poussera le gouverneur romain à décider de son exécution capitale. Il serait excessif de penser que toutes les familles sacerdotales et tout le Sanhédrin y furent mêlés, mais certains grands prêtres le furent, dont Caïphe qui était en poste cette année-là. La mission terrestre de Jésus, crucifié comme un malfaiteur issu de la plèbe, se termina sur un échec, plus tard transformé en martyre.

Et la résurrection ?

Toutes les sources chrétiennes de l'histoire de Jésus – nous l'avons écrit plus haut – furent rédigées à la lumière de la résurrection, pivot de la foi chrétienne. Certaines contiennent même des récits qui, s'ils ne racontent pas l'événement, en fournissent des indices. D'après eux, le tombeau où avait été déposé Jésus après sa mort fut découvert ouvert et vide de son cadavre, le dimanche qui suivit son crucifiement ; et lui-même se manifesta de façon visible et audible à plusieurs personnes. Un texte de saint Paul, que lui-même tient de la tradition, en fournit la liste, il s'agit de la première épître aux Corinthiens (15, 3-8).

Ces textes ont tous en commun le fait que les témoins de l'événement ne sont jamais impartiaux. Il s'agit essentiellement de disciples d'avant la Passion, ou de saint Paul quelques années plus tard alors qu'il persécutait les membres de la toute jeune Église. Mais ils n'associent jamais des témoins neutres à ces scènes, par exemple des gens quelconques de Jérusalem ou des soldats de l'armée d'occupation. En d'autres termes, l'événement de la résurrection, qui fonde la foi chrétienne, échappe à la science historique. La matérialité de l'événement ne peut être atteinte, pas même racontée.

On peut, certes, s'interroger sur ce qui se produisit après la mort de Jésus en croix pour qu'il devienne un personnage de référence, qu'on lui rende un culte égal au culte rendu à Dieu,

et qu'une nouvelle religion prenne progressivement naissance. Mais on se trouve alors inévitablement confronté au silence des historiens.

*

Corina Combet-Galland

Comment voyez-vous le rôle important de la mémoire dans ce travail d'historien, qui est en même temps recomposition et recherche de la vérité ?

Michel Quesnel

Le phénomène de mémoire joue de bout en bout. Chaque fois que la mémoire transmet, elle le fait en fonction de ce que vivent les gens qui se souviennent.

J'ai parlé ici de sources écrites. Il est très important de savoir qu'elles sont souvent l'aboutissement d'une tradition qui n'a pas été écrite depuis le départ. En particulier, au Ier siècle, nous sommes dans des pays de tradition orale. Il faut le prendre en compte, avec ce que cela implique d'incertitude. Toute mémoire possède une part d'incertitude. Mais il faut savoir que la transmission orale des peuples sémitiques est nettement plus stable que la transmission orale des Occidentaux que nous sommes.

Gérard Mordillat

Pouvez-vous décrire quel est le rôle des Romains dans l'exécution de Jésus ?

Michel Quesnel

Il est manifeste que Jésus mourut crucifié sur ordre de l'autorité romaine, celle de Pilate, gouverneur de Judée-Samarie, qui résidait habituellement au bord de la mer à Césarée, et qui montait à Jérusalem lorsque cela était nécessaire. La comparution de Jésus devant Pilate a sans doute été provoquée par des Juifs, et en particulier par les Grands Prêtres responsables du Temple de Jérusalem, Caïphe et son entourage, à la suite du saccage qu'il avait fait dans le Temple. Il serait abusif de dire que « les Juifs », collectivement, ont une responsabilité dans la mort de Jésus, qui lui-même était juif.

Alain Houziaux

Gérard Mordillat, comment interprétez-vous la parole de Caïphe selon laquelle il fallait que Jésus meure pour permettre que l'ensemble du peuple soit sauvé ?

Gérard Mordillat

Si l'on se place du point de vue des grands prêtres : lorsque Jésus se manifeste au Temple, soit en bousculant des étals, soit en prononçant des paroles prophétiques, il est normal qu'en tant que responsables, ils aient fait arrêter celui qui troublait l'ordre public et faisait du scandale. Si, demain, vous entrez dans la cour de l'Élysée pour prononcer des paroles contre le président de la République, vous ne serez pas crucifié, mais vous finirez la nuit au poste ! Aujourd'hui comme hier, aucune autorité ne tolère qu'un agitateur la remette en cause sur la voie publique. Dans

certains pays au monde, protester contre les dirigeants demeure passible de mort.

Même si l'Église nous a fait lire l'arrestation de Jésus comme scandaleuse au regard de ce qu'est, ultérieurement, devenu le christianisme, l'intervention des Grands Prêtres est dans l'ordre des choses. Selon eux, livrer cet agitateur aux Romains empêchera que l'empire s'intéresse de trop près à ce que font d'autres agitateurs juifs qui leurs sont plus chers. Aujourd'hui, on appellerait cela de la *real*-politique !

Alain Houziaux

Les Romains craignaient qu'à la suite de l'action de Jésus, une insurrection généralisée se développe, qu'il aurait fallu mater dans le sang. Pour empêcher cela, ils ont considéré qu'il valait mieux laisser tuer celui qu'ils considéraient comme le leader. Cette parole de Caïphe est-elle à l'origine de la confession de foi qui affirme que Jésus est mort pour donner la vie ?

Corina Combet-Galland

Dans cette phrase qui se lit d'abord au plan politique, on peut entendre en effet aussi une dimension interprétative, théologique de la mort de Jésus. Elle n'est pas à l'origine de la confession de foi, elle en découle plutôt. Après coup, l'évangile de Jean met dans la bouche de Caïphe une parole prophétique, pour bien montrer que les pouvoirs en place, religieux et politiques, sont conduits par une autorité plus forte que celle qu'ils prétendent mettre en œuvre. On retrouve le même procédé dans le récit du procès de Jésus

par Pilate : à son juge qui lui rappelle qu'il a le pouvoir de le relâcher ou de le crucifier, Jésus répond que celui-ci n'aurait aucun pouvoir sur lui s'il ne lui avait été donné d'en haut. Ainsi, le procès qu'il subit est le lieu où Jésus témoigne d'un royaume de la vérité qui n'appartient pas à ce monde mais qui peut parler, même à leur insu, par les acteurs du monde.

Ainsi, la phrase : « Il est avantageux qu'un seul homme meure pour le peuple ! » (Jean 18, 14) rejoint, dans le trésor de la mémoire, d'autres paroles des Écritures, comme celle du Serviteur que chante le prophète Esaïe, humilié, mené comme un agneau à l'abattoir, muet devant celui qui le tond, et dont on peut dire, dans la foi, qu'il s'est chargé de nos souffrances, qu'il prend sur lui les péchés du monde (Esaïe 53).

JÉSUS, MULTIPLE ET INCONNU

par Gérard Mordillat

Si, philosophiquement, notre seule certitude est d'avouer que nous sommes sûrs de n'avoir aucune certitude, en ce qui concerne Jésus nous pouvons admettre que nous sommes sûrs à la fois de pas grand-chose et de beaucoup de choses...

Jésus à travers l'état civil

D'abord son nom. C'est un peu étrange d'avoir à le souligner, mais nous sommes pratiquement sûrs que Jésus s'appelait Jésus. Que Jésus n'était ni un pseudonyme, ni un nom inventé par la suite. Cette quasi-certitude vient, bien entendu, de l'usage courant qui est fait dans les textes du Nouveau Testament mais, surtout, d'un passage, aussi célèbre que paradoxal, de l'évangile selon Matthieu. C'est la fameuse prophétie d'Isaïe qui a donné naissance (par une erreur de traduction de l'hébreu au grec) à la légende de la vierge-mère, quand le texte déclare : « La vierge (au lieu de « la jeune femme » dans le texte original) accouchera d'un fils qui se nommera Emmanuel. » Dans le verset suivant, Jésus naît : il ne s'appelle pas Emmanuel, mais Jésus. Que s'est-il passé ? La vierge ignore-t-elle la parole de Dieu ? N'en tient-elle aucun compte ? N'en fait-elle qu'à sa tête ? Certainement pas.

Jésus s'appelle Jésus à sa naissance et c'est bien plus tard que la prophétie d'Isaïe lui sera

appliquée. Le rédacteur n'y voyait d'ailleurs aucune contradiction, aucune malice. En hébreu, « Emmanuel » signifie « Dieu est avec nous », et Jésus : « Dieu sauve, a sauvé, sauvera » (d'où l'idée du Sauveur). Il s'agissait donc d'affirmer auprès des auditeurs juifs, en comblant par la parole le blanc entre les lignes que Dieu est « avec nous » et qu'à travers Jésus il « nous sauve, nous a sauvés, nous sauvera ». S'il s'était agi d'un nom inventé pour les besoins de la cause, suivant la prophétie d'Isaïe Jésus se serait appelé Emmanuel. Comme cela n'est pas le cas, on peut assurer que Jésus était bien son nom et qu'il a fallu faire avec.

En outre, contrairement à ce que professaient avec talent les rationalistes du début du XXe siècle et que professent encore médiocrement quelques révisionnistes contemporains, Jésus a existé – ce n'est pas un mythe forgé de toutes pièces et lancé dans le monde pour l'égarer. Toutes les tentatives de faire de Jésus quelqu'un d'autre qu'un juif ayant vécu au Ier siècle de notre ère sont, à des degrés divers, des manifestations conscientes ou inconscientes d'un antisémitisme tenace. N'en déplaise à certains : Jésus n'a jamais été un Occidental blond aux yeux bleus, un yogi, un extra-terrestre… J'en passe, et des meilleures.

On peut également déduire de l'histoire, même si cela en choque encore beaucoup – et, notamment ceux qui préféreraient qu'il soit un mythe, une chimère – que Jésus est né juif. Il a toujours vécu sous la Loi et sans autre horizon qu'Israël. C'est un homme parfaitement enraciné dans la tradition, la foi, l'histoire de ses ancêtres. Il

n'a jamais été chrétien, n'a jamais connu de chrétiens, n'a jamais imaginé ni pensé le christianisme et l'Église. On peut certainement avancer que l'idée d'une religion autre que le judaïsme lui aurait fait horreur.

Enfin, comme tous les hommes, aux dires de Paul lui-même, Jésus est « né d'une femme » (Galates 4, 4). Il est « issu de la lignée de David selon la chair ». Paul ignore le nom de Marie qui n'apparaît que dans l'évangile de Marc, aux alentours de 70 : Jésus y est dit « fils de Marie ». Appellation qui attirera bien des commentaires, car elle témoigne crûment que Jésus est né de père inconnu. C'est à partir de là que se développeront les accusations de bâtardise contre Jésus et de prostitution contre sa mère. Le nom de Joseph, en tant que père putatif, n'apparaît que dans l'évangile de Matthieu vers 80/85... Était-il le père des frères de Jésus et de ses sœurs ? Nul ne peut l'affirmer ou le démentir, son personnage est inexistant dans les évangiles canoniques et il faut renoncer une fois pour toutes à y chercher des faits bruts. Au regard des évangiles (surtout celui de Marc, le plus ancien), Jésus était l'aîné d'une fratrie de sept enfants, nés de Marie et Joseph, ce qui donne l'image non pas d'une Sainte famille mais d'une famille juive normale au Ier siècle.

Acceptons-la donc comme histoire.

Jésus à travers le mythe

En revanche, la conception miraculeuse, la naissance virginale, ne sont pas des événements

historiques ; Marie comme Joseph semblent d'ailleurs n'en avoir aucun souvenir dans les scènes où ils apparaissent en compagnie de leur fils. Ces données appartiennent à l'histoire uniquement comme témoins de la foi de ceux qui les ont défendues, jusqu'à en forger un dogme de l'Église catholique.

De même, nous ne savons pas quand Jésus est né. Le 25 décembre est une date fictive, choisie au temps de l'empereur Constantin pour remplacer la fête de Mythra, le dieu solaire, qui marquait la fin du solstice d'hiver. La mort de Jésus ne peut pas être fixée de manière plus précise, elle se situe entre 20 et 36, temps du préfectorat de Ponce Pilate en Judée. Mais selon que l'on suive la tradition johannique ou la tradition synoptique (Marc, Matthieu, Luc), on parviendra à des datations divergentes. Toutes les dates données sont donc des hypothèses, plus ou moins plausibles.

Les chercheurs les plus radicaux ne lisent pas une "vie de Jésus" historique dans les évangiles : Renan pense que ce qu'il y a de sûr tient en une page, Goguel en quelques lignes, Loisy, Guignebert en moins encore, Bultmann n'y lit rien du tout qui puisse être de l'histoire, au sens moderne du terme. Dans les évangiles rien n'est assuré, sinon que Jésus a été crucifié sous Ponce Pilate au titre de « Roi des Juifs ». La crucifixion et le titre de la croix étant les deux seuls endroits où l'on peut affirmer, avec une quasi-certitude, que nous touchons à l'histoire.

Pour le reste, ses paroles, ses actes, ses miracles, ses paraboles, rien n'est indiscutable même si, au regard des textes, on peut admettre qu'il devait être un thaumaturge itinérant, prophétisant la Fin des Temps.

Mais après sa mort, ses disciples proclamèrent qu'il était vivant, puis qu'il fut ressuscité. La résurrection comme la conception miraculeuse et la naissance virginale ne sont pas des événements historiques, ce sont des événements théologiques, des expressions de la foi auxquelles il a toujours été et sera toujours vain de chercher des confirmations scientifiques : il n'y en a pas. Il ne s'agit pas de nier que des hommes et des femmes aient cru en la résurrection de Jésus, la sincérité de leur croyance n'est pas en cause, mais il faut la distinguer de l'histoire factuelle d'où ces croyances ont surgi.

Par exemple, on peut voir l'émergence de la légende selon laquelle Jésus serait né d'une vierge par l'opération du Saint esprit, comme une réponse aux accusations de bâtardise qui couraient contre Jésus. C'est une réponse de nature polémique qui, peu à peu, s'est muée en vérité d'Église. De même, l'affirmation de sa résurrection, sa proclamation comme premier d'entre les morts, apparaissent comme des manières de le promouvoir, de le placer au-dessus, en avant, des autres prophètes apocalyptiques de son temps, dans le combat que mènent ses successeurs contre les autres courants juifs pour emporter l'adhésion du peuple, après la chute du Temple en 70.

Jésus à travers les évangiles

Jésus n'a rien écrit, ou en tout cas rien ne nous a été transmis, et ce que l'on a écrit sur lui de son vivant se résume au titre de la croix « Roi des Juifs ». Pourtant, l'écriture est au centre de son histoire, pas à la marge. Jésus est le seul prophète apocalyptique de son temps dont l'histoire écrite nous soit parvenue. Sans doute existait-il une sorte d'évangile qui faisait de Jean le Baptiste, celui annoncé par les prophètes, le Messie. Mais ce récit a été accaparé par les rédacteurs des évangiles et fondu dans leur œuvre pour faire du Baptiste le précurseur de Jésus, son annonciateur. Les musulmans opéreront de la même manière avec Jésus dans le Coran ; pour eux (comme Jean Baptiste pour les chrétiens), Jésus annonce Mahomet, le seul, le vrai prophète.

Cependant, nous pouvons pour une fois toucher une certitude, même si elle semble enfoncer une porte ouverte : l'histoire de Jésus a été écrite. Écrite, et non révélée par un ange dictant à un évangéliste, ramené à l'état de greffier. Les évangélistes (et ils sont plus nombreux que les quatre noms sous lesquels ils opèrent !) écrivent, c'est-à-dire que ce sont des écrivains et que leurs œuvres sont, avant toute chose, de la littérature. Dire que c'est de la littérature n'est pas les déprécier, au contraire, c'est mettre en évidence que cette dimension du texte ne doit pas être minimisée, comme si tout ce qui est littéraire était, par nature, mensonger. Les auteurs des évangiles, en écrivant leurs œuvres, ne mentent pas, ils écrivent l'histoire et les paroles de

Jésus guidés par les buts qu'ils visent, même si la sincérité de leurs convictions ne doit pas être confondue avec la sincérité de ce qu'ils racontent. Comme un prêtre l'a affirmé lors d'une émission à Radio Notre Dame : « Il ne faut pas craindre de dire que les évangiles sont des œuvres de propagande. » Le terme propagande à certes mauvaise réputation, mais c'est bien de cela qu'il s'agit. Quand les auteurs des évangiles se mettent à écrire, après la chute du Temple de Jérusalem en 70, ils sont en compétition avec les autres courants juifs pour savoir lequel d'entre eux détient la bonne interprétation de l'histoire et l'autorité pour guider le peuple. Les partisans de Jean le Baptiste affirment que c'était lui, ceux de Jésus que c'était le Nazaréen, les rabbins pharisiens que seule la Loi doit être considérée, etc. Pour les partisans de Jésus, l'écriture est une arme de combat.

Et pourtant, aucun des évangélistes n'a connu Jésus. Ils écrivent deux ou trois générations après lui. Les noms en tête des textes sont ceux de figures tutélaires, d'ailleurs, la tradition prendra soin d'indiquer « selon Marc », « selon Matthieu », « selon Luc », « selon Jean ».

Selon... Ces textes ne sont pas des reportages sur Jésus, le *verbatim* de ses paroles, mais des œuvres de foi, sans souci de s'en tenir à la réalité historique des faits.

De plus, tous les textes nous sont parvenus en grec. À ce jour, pas un seul livre du Nouveau Testament n'a été retrouvé dans une langue

sémitique. Cet écart entre la langue des protagonistes de cette histoire (l'hébreu ou l'araméen) et celle dans laquelle elle nous est parvenue (le grec) est une indication très fiable du déplacement qui s'est opéré pour la chrétienté naissante qui, en relativement peu de temps, glisse de son enracinement judaïque pour rencontrer la philosophie grecque. Le génie du christianisme sera de fondre en une seule, inédite, ces deux cultures.

Toutefois, le royaume que Jésus prêchait était le Royaume d'Israël, dans sa double dimension, terrestre et céleste, de « terre sacrée » donnée par YHWH aux enfants d'Israël. Nier cet enracinement terrestre, sa dimension géographique et politique, c'est une fois encore vouloir expulser Jésus de sa judaïté.

Mais pour finir et pour faire bonne mesure, nous savons qu'aucune des prophéties de Jésus ne s'est réalisée. Ce qui le rend humain, très humain, trop humain pour ceux qui veulent le voir comme Dieu lui-même.

Jésus insaisissable

Nous savons donc peu et beaucoup de choses dans les vingt-sept livres du Nouveau Testament. Cette luxuriance à son revers : il n'y a pas une seule figure de Jésus, mais de multiples qui se contredisent, se combattent, s'ignorent et, paradoxalement, masquent, obscurcissent, rendent indiscernable le Jésus de l'histoire. Ces figures concurrentes de Jésus ne sont illusoirement unifiées que parce que les textes sont

imprimés. Cette impression en caractères bien ordonnés, justifiés, égaux, donne au lecteur le sentiment d'une unité impressionnante. Unité qui sera sans cesse affirmée, contre les textes eux-mêmes, par le discours de l'Église. En réalité, le Nouveau Testament est un champ de bataille et un champ de mines.

Parmi les figures de Jésus, il est vain (et un peu ridicule) de vouloir, par exemple, choisir entre celle du Jésus de bonté des Béatitudes de Matthieu, qui prêche l'amour, célèbre les doux et les pauvres, appelle à s'accorder avec son ennemi et celle du Jésus de colère et de haine de la parabole des Talents, qui commande : « Quant à mes ennemis, ceux qui n'ont pas voulu que je règne sur eux, amenez-les ici, et égorgez-les en ma présence » (Luc 19, 27). Ces deux propositions ne sont pas contradictoires, elles sont autres. Matthieu n'est pas plus « historique » que Luc, Luc pas plus « archaïque » ni plus « authentique » que Matthieu... Leurs textes sont l'expression de deux courants qui, à un moment de l'histoire que nous ignorons, ont investi la figure de Jésus pour en faire leur porte-parole. Ce ne sont que deux exemples, on pourrait y ajouter le Jésus maître de sagesse, le Jésus thaumaturge, le Jésus nationaliste, voire zélote, le Jésus hellénisant et universaliste...

Nous devons accepter les textes dans leurs contradictions, leurs impasses, et ne pas chercher à les unifier de force, à les coordonner.

Le Nouveau Testament est comme une boîte noire dont nous n'avons pas encore déchiffré

toutes les données. Une chose est certaine, lorsqu'un chercheur croit avoir trouvé la clef magique, l'explication définitive, univoque, on peut être sûr qu'il se trompe ! Et je ne m'exclus pas de ce genre de faiblesse...

De notre lecture du Nouveau Testament – de nos lectures – naît un Jésus qui est le produit des différences entre toutes les figures opposées, entre toutes les interprétations. Ce Jésus né de l'écriture, vivant par elle, domine pour moi tous les autres, les couvre de son ombre, les aveugle de ses lumières.

Selon Voltaire, le Jésus de l'histoire était ce « Juif obscur né de la lie du peuple ». Quant au Jésus de la foi, il est né après la crucifixion qui élève le supplicié au rang de « Christ », au point que « Jésus-Christ » apparaît à beaucoup comme le nom et le prénom du Seigneur. Henri Barbusse pointait cette incongruité dans un raccourci saisissant : « Lorsque Jésus vivait, le Christ n'existait pas encore, lorsque le Christ parut, il y a longtemps que Jésus n'existait plus depuis longtemps. »

Au moins, nous sommes sûrs d'une chose : Jésus-Christ n'a jamais existé.

*

Corina Combet-Galland

J'aimerais en savoir un peu plus sur votre hypothèse de Jésus thaumaturge. Pouvez-vous

développer les raisons qui vous ont poussé à la retenir ?

Gérard Mordillat

Les textes témoignent que Jésus court de village en village pour guérir, et que sa parole suffit à libérer les uns et les autres de tel ou tel démon.

Je vais faire un parallèle contemporain. Il n'y a pas si longtemps, j'ai eu l'occasion de m'intéresser à la vie du poète Antonin Artaud qui, soit dit en passant, se prenait parfois pour « *Jésus Cri-Cri* ». Avant de réaliser *Corpus Christi*, avec mon ami Jérôme Prieur[1], nous avons réuni le cercle du poète disparu, ses amis, ses amours, ses compagnons qui, quarante ou cinquante ans après sa mort, venaient dire ce qu'il était pour eux dans un long documentaire de près de trois heures[2]. Tous les amis d'Artaud avaient été si frappés par ses écrits, par sa parole, par sa présence, qu'il y avait clairement dans leur vie un *avant* et un *après* Artaud, comme pour les rédacteurs des évangiles il y a un *avant* et un *après* Jésus.

Le parallèle s'arrête là. Artaud n'a fait de miracles que littéraires...

Tout ça pour dire que je conçois parfaitement que Jésus ait pu produire sur ses compagnons une impression aussi puissante qu'Artaud

1. Documentaire cité.

2. *La véritable histoire d'Artaud le Mômo*, documentaire de Gérard Mordillat et Jérôme Prieur, 1993, sortie en dvd chez ARTE/Video, 2005.

l'avait faite pour les siens. Son charisme devait être exceptionnel. Et lorsque je lis, dans le texte des évangiles, le récit de ses guérisons par la main et par la voix, cela m'apparaît comme très vraisemblable, très plausible. Jésus était thaumaturge comme Artaud était poète.

Alors, Jésus était-il le seul à agir comme il agissait ? Certainement pas. Jésus n'était pas le seul prophète apocalyptique de son temps. Flavius Josèphe, l'historien juif, dénombre, je crois, vingt-deux Jésus dans ses œuvres. Notamment un Jésus qui, lui aussi, annonce la fin des temps, et prophétise l'heure du Jugement. Celui-là ne se fait pas crucifier, on se contente de le flageller et de le bastonner pour le faire taire.

À cette époque-là, le problème qui se pose en Israël est de nature religieuse *et* politique. Je souligne « religieuse et politique ». Il est impossible et vain de vouloir séparer les deux. La terre sacrée est occupée depuis Pompée par les Romains, et l'on peut avoir une lecture politique de cette occupation puisque Israël souffre de cette présence, des pillages, des exactions – de toutes les horreurs d'une armée d'occupation dans un pays conquis.

Mais, dans le même temps, une lecture religieuse de ces événements est faite, c'est celle d'un certain nombre de juifs qui voient dans cette occupation la marque de l'impureté d'Israël face à Dieu : si Dieu permet que des impies foulent la terre sacrée d'Israël, c'est qu'Israël a péché. On retrouve là, la grande tradition deutéronomique

de la faute d'Israël. Alors, comment faire pour se laver de cette impureté ? Comment réparer la faute ? Un Temple fonctionne tous les jours ; on sacrifie, on fait des prières, or, rien ne change ! Et alors on voit se multiplier les tentatives d'inventer d'autres rites, d'autres façons d'agir : Jean Baptiste va au désert et propose à tout le peuple de se repentir ; Jésus se manifeste au Temple, appelant Dieu à intervenir dans l'histoire ; ceux de Qumrân refondent Jérusalem hors de Jérusalem, espérant que l'abstinence et les mortifications qu'ils s'imposent plairont à Dieu qui rétablira Israël dans sa sainteté ; les zélotes finiront par prendre les armes pour être en avant-garde de l'intervention divine, etc.

Jésus participe au même mouvement où, encore une fois, religion et politique ne font qu'un.

Michel Quesnel

La pluralité des traits de Jésus ne dépend pas seulement des communautés qui en ont rendu compte. Il existe une réelle complexité du personnage. En construisant une image de Jésus prédicateur d'un royaume terrestre qui correspondait à une certaine attente, vous en réduisez la richesse à partir d'un modèle préétabli.

Gérard Mordillat

Jésus diffère de tous les autres prophètes parce que c'est le seul dont l'histoire écrite nous soit parvenue. Mais il n'y a pas qu'une seule figure de Jésus dans les évangiles, il y en a plusieurs, inconciliables, que je me garderai bien de

réduire à l'unité. Le Jésus qui dit : « Heureux les doux car ils posséderont la terre, heureux les affligés car ils seront consolés, heureux les affamés et les assoiffés de justice car ils seront rassasiés » (Matthieu 5, 4-6) n'a rien à voir avec celui qui proclame : « N'allez pas croire que je suis venu apporter la paix sur la terre ; je ne suis pas venu apporter la paix mais le glaive » (Matthieu 10, 34-36)...

Jésus est à la fois un modèle terrestre, politique au sens large, et un modèle religieux, lié à la terre sacrée, la terre donnée par Dieu au peuple élu, à Israël. Le projet de restaurer le royaume d'Israël a un sens vraiment concret, très profond et très réel pour Jésus et les siens. Par la suite, la chrétienté a fait du royaume d'Israël le royaume des Cieux, la promesse est passée de la terre au ciel, de la vie à la mort. Comme le disait Alfred Loisy : « Jésus annonçait le Royaume et c'est l'Église qui est venue. » Mais pour les contemporains de Jésus, pour ses compagnons, ses disciples, la question de l'occupation de la terre d'Israël par les Romains impies était une question douloureusement terrestre, violemment douloureuse. C'était une question politique, militaire et religieuse, qui ne pouvait être traitée que dans ce rapport très spécifique que les juifs entretiennent avec Dieu.

Alors, comment se libérer de cette occupation ? Fallait-il ou non prendre les armes pour décider Dieu à envoyer ses légions d'anges soutenir la cause d'Israël ? Fallait-il se consumer dans l'ascèse pour que Dieu, pris de pitié pour son

peuple, réalise un grand miracle ? Fallait-il revivre l'épisode du désert ? L'intervention de Jésus au Temple, si l'on suit le récit évangélique, est plutôt de l'ordre du millénarisme : par la parole, par le geste, Jésus compte obtenir l'appui de Dieu, bouleverser miraculeusement l'ordre du monde.

Malheureusement, le grand miracle attendu n'aura pas lieu et Jésus mourra sur la croix comme un esclave révolté.

Alain Houziaux

Jésus avait-il conscience d'être le Messie ?

Michel Quesnel

C'est une des questions insolubles que l'on pose quelquefois à propos de Jésus. Entrer dans la conscience de quelqu'un, alors que l'on ne dispose que de sources qui décrivent ses actions et rapportent ses paroles, c'est vouloir pénétrer un secret qui nous échappe.

Alain Houziaux

La prophétie de Jésus annonçant la venue des derniers temps ne s'est pas réalisée. C'est apparemment un démenti fondamental par rapport à sa prédication. Comment a-t-on pu par la suite le proclamer Messie, Christ ou Fils de Dieu ?

Corina Combet-Galland

Cette affirmation du futur proche, avec l'appel urgent qui en découle, me semble rester valable pour toute époque. Elle n'implique pas seulement le croire dans la réalisation immédiate

d'un scénario final. L'urgence est fondamentale et appartient comme telle à l'Évangile : elle met chacun devant les valeurs de l'ordre de l'ultime, devant l'exigence d'un temps qui presse, au seuil d'une royauté qui s'est tout à la fois déjà approchée en Jésus et qui reste de l'ordre de la promesse, tenue désormais par lui-même à travers la mort.

La vérité de tout présent est ainsi libérée d'avoir à trouver sa justification en elle-même, elle s'en remet pour le dernier mot au Dieu qui vient. C'est à lui de prononcer l'absolution. Pour les chrétiens, le Messie est tout à la fois venu et à venir, cela qualifie son temps d'une manière singulière ; l'histoire et la confession de foi relèvent les traces de son passage parmi les hommes, le présent de la vie accueille les signes et la surprise de sa présence, l'avenir garde l'accomplissement différé, le soustrait à toute prétention humaine.

Alain Houziaux

Comment expliquez-vous la promotion du Christ après l'échec de Jésus ?

Michel Quesnel

J'ai déjà dit que la résurrection est un événement que l'on ne peut pas atteindre par l'histoire. Nous constatons qu'une réalité a existé à partir des années 35 ou 40 de notre ère, que l'on appelle les premières communautés chrétiennes. Ces personnes-là se sont réclamées de la résurrection. Peut-on expliquer la « promotion » du Christ par d'autres raisons ? Il y a en a peut-être d'autres, je ne sais pas.

Alain Houziaux

Mais, comment les apôtres ont-ils pu voir que Jésus était le Christ ?

Michel Quesnel

Les apôtres se sont déjà posé la question de savoir si Jésus était le Messie, du vivant de celui-ci, mais la réponse définitive était restée en suspens. Au moment de la Passion, ils ont pensé que « non ». C'est après la résurrection qu'ils ont vu en Jésus le fils de Dieu, non pas au sens de la deuxième personne de la Trinité, mais en tant que protégé et sauvé par Dieu. À partir de là, sa crucifixion prenait un sens.

Alain Houziaux

Il y avait donc l'attente du Messie, attente antérieure à Jésus, et c'est ensuite qu'on a reconnu que ce Jésus était le Messie qu'on attendait.

CE DIEU PERDU QUI M'A TROUVÉ(E)

par Corina Combet-Galland

Ce n'est pas comme historienne, ce que je ne suis pas, que je partirai à la recherche du Dieu perdu, selon le beau titre de ce cycle de conférences, et plus précisément de la trace qu'il a inscrite en ce monde par la vie et la mort de Jésus. Je suis interprète des textes qui sont nés au lieu même de la perte. Ils sont la seule chose sûre que nous possédions, un trésor de fidélité dans la créativité. D'ailleurs, à qui pense-t-on quand on s'interroge sur ce qui est certain à propos de Jésus-Christ ?

Jésus, homme ou Christ ?

Pour enquêter sur l'homme, en son vécu historique, on parlerait de Jésus de Nazareth ou de Jésus, fils de Joseph, ou éventuellement, faute de paternité clairement assumée, de fils de Marie. Adjoindre au nom Jésus le titre de Christ, c'est-à-dire la traduction grecque de l'hébreu Messie, littéralement Oint, et en faire un nom propre par trait d'union, c'est glisser du côté d'un énoncé de foi qui reflète moins ce que fut la personne en elle-même que ce qu'elle est devenue après sa mort pour ceux qui en font mémoire.

Le nom composé nous entraîne vers une époque bien postérieure au Nouveau Testament dont les écrits recouvrent la seconde moitié du

Ier siècle de notre ère. Il porte la trace d'un travail intense de méditation, qui est aussi un travail de deuil, une quête de langages dans les Écritures disponibles, prophétiques surtout, et de prière, pour penser la mission divine qu'ont pressentie en ce jeune maître itinérant ses compagnons de route, et la dette de vie qui les attache à lui. En dépit du rejet par les autorités religieuses et politiques de son temps, qui semblait signer son échec, ses plus proches qui osent dire, comme en un exorcisme peut-être de leur angoisse, qu'ils l'ont abandonné, se sont sentis remis debout, en communion avec lui, et sont partis témoigner de cette faveur de Dieu pour lui et pour eux.

Dans le jardin de leur intériorité et dans le temple communautaire où ils exprimaient leur louange, ils ont commencé à cultiver l'héritage. Ils ont relu alors en sa mort le passage, libérateur, pascal, à une nouvelle création. Par lui, ils ont connu la fraternité jusqu'au plus douloureux de l'humain, ont reconnu une souveraineté, royale, dans la dignité à se laisser livrer et humilier, ils l'ont nommée pardon, ils ont confessé en ce crucifié le Fils de Dieu et avec lui sont entrés dans une filiation nouvelle.

Les textes eux-mêmes produisent des représentations du passage difficile de l'histoire, qu'on voudrait arracher à la griffe de la mort, vers un mouvement de reprise de la parole, ailleurs, en vagues progressives. Des récits, bribes d'abord puis compositions plus développées, permettent de laisser aller en paix, d'aller soi-même vers sa

paix en acceptant l'héritage à transmettre, comme dette d'un amour.

Jésus, jardinier de l'amour

Dans un très bel article sur la culture de l'héritage, où elle évoque la victoire sur la mort non par l'embaumement ou le déni mais par la dette qui s'adresse, au-delà de la personne défunte, « à la belle manière de jardiner et de discourir, au mouvement vivant de la pensée[1] », Marianne Massin me ramène au jardin que l'évangile de Jean a la finesse d'imaginer comme décor à son récit de résurrection (20, 1-18). Marie de Magdala ne s'est pas trompée, elle a eu raison lorsqu'elle a vu Jésus, de reconnaître en lui le jardinier, elle ne savait juste pas encore que c'était bien la même personne. Le disparu avait cédé la place au jardinier. Il lui a fallu renoncer alors à une fidélité qui l'aveuglait, se déprendre du corps et des soins qu'elle voulait rendre au mort. C'est lui qui l'a trouvée, il s'est tenu derrière elle, il l'a nommée, il l'a retournée, et avant de remonter au lieu du Père comme à un autrement de sa présence au monde, il l'a envoyée vers ses frères renouer la conversation rompue par sa disparition, mettre avec eux son souffle vivant à emprunter les pistes ouvertes. Les disciples auront pour tâche d'animer de leur voix propre le souvenir de ses paroles. En ce sens,

1. Marianne Massin, « 'La mort saisit le vif' ou la culture de l'héritage », in *Le père disparu. Une conversation inachevée*, Gérald Cahen dir., Autrement, collection Mutations, p. 171.

Marie est une image de ce que sera l'écriture de l'évangile, au-delà du vide de la tombe et du passé : un labeur, le labour d'un nouveau terreau où le grain de la parole et de la voix se cultive dans la reprise et les déplacements, pour germer de façon nouvelle.

On voit ici comment l'évangile de Jean nous porte au deuil du palpable. L'écrivain, dit encore Marianne Massin, « ne se propose plus lui-même comme 'auteur' du vrai, mais comme vecteur de son avènement dans la générosité d'une filiation assumée et responsable[2] ». Paul Beauchamp souligne également combien la vérité est en avant. Qu'un texte soit prophétique, « qu'est-ce à dire sinon que ses mots sont antérieurs à sa vérité ? Pour cela, il n'est pas nécessaire qu'ils l'exposent mais qu'ils y conduisent. Ils conduisent dans sa direction (interdisant donc la direction opposée), mais sans l'atteindre. Que la marche soit vraie, il n'y en a pas d'autres indices que le relais pris par d'autres textes[3] ».

En contrepoint à la démarche des historiens, qui dépouille de ses revêtements ultérieurs la silhouette de celui qui fut un homme de son temps, et pour ne pas répéter le peu que l'on sait avec certitude sur Jésus lui-même, je le donnerai

2. *Ibid.*

3. Paul Beauchamp, « Lecture et relectures du Quatrième Chant du Serviteur : d'Isaïe à Jean », in *The Book of Isaiah. Le livre d'Isaïe. Les oracles et leurs relectures. Unité et complexité de l'ouvrage*, Leuven, Jacques Vermeylen éd., University Press (BEThL LXXXI), 1989, p. 341.

à penser par la puissance de ce qu'il a généré. C'est une façon d'éclairer un lieu de départ, en son côté décisif. Je rejoins bien sûr l'histoire aussi, mais celle des récepteurs, des héritiers, des jardiniers. Je me tiendrai aux textes, en quelques passages, je ne les scruterai pas comme des documents, je les visiterai dans leur capacité poétique à mettre eux-mêmes en images la relation au Dieu perdu, sa recherche, ou plutôt l'événement d'avoir été trouvé par lui – un choc existentiel raconté comme don d'une adéquation nouvelle à soi-même. J'ai prévu dans ce champ un parcours en six petites haltes[4].

Un corps disparu, un corpus à hériter

Je commencerai par le texte le plus tardif peut-être : il a attiré ma curiosité et m'a touchée, il est expressif et profond, il appartient à la deuxième épître à Timothée (4, 6-18). C'est Paul qui parle, il a froid, il est à nu, à vif. Il semble en captivité, à Rome, entre sa comparution et son martyre, la dernière page de sa vie se tourne avec les mots émus d'une fin de lettre. L'heure du départ est proche, l'heure de rompre les liens, de larguer les amarres. Il va mourir. L'apôtre compte alors les fidélités et les abandons, ceux-ci pèsent lourds. Mais, tourné une dernière fois vers l'engagement de sa vie, il donne au bilan une cadence alerte : « J'ai combattu le beau combat, j'ai achevé la course, j'ai gardé la foi » (v. 7). Il

4. Je reprends ici, dans un agencement propre qui répond de façon à problématiser la question posée, des données de travaux publiés ailleurs.

presse surtout son disciple préféré, le fils que sa lettre vient de légitimer, Timothée, d'aller à Troas chez un certain Carpos chercher le manteau et les parchemins qu'il y a laissés. On s'étonne : que viennent faire ici ces indices du quotidien ? Et surtout, qu'est-ce que cet infatigable voyageur qui oublie sa pèlerine ? cet interprète chevronné des Écritures qui oublie sa Bible ?

Le nom de Carpos, qui littéralement signifie fruit, peut nous aiguiller vers une lecture plus métaphorique du passage : ce que Paul a déposé, c'est un héritage, et il doit fructifier. On devine alors le point de vue adopté par le texte, on comprend qu'il construit des effets de réel : ce sont ses disciples qui parlent. Ils peignent après coup, après sa mort, un portrait de leur apôtre. Paul est parti, mais il a abandonné derrière lui, comme en une mue, ses peaux, la pelure qui couvrait son corps, et des parchemins, ces membranes couvertes de signes écrits. À ce niveau de lecture, les noms de Marc et de Luc, les compagnons fidèles qui sont évoqués, prennent du relief : n'a-t-on pas déjà là une subtile allusion à des évangiles qui circulent ?

Ainsi, l'épître accompagne le passage d'une génération à une autre, elle le représente. Le corps a disparu, mais un corpus se transmet. De lui on est sûr, il circule, il est venu jusqu'à nous. Il invite notre lecture, par des allées déjà tracées au fil du temps mais aussi par de petites portes à découvrir.

La perte heureuse

La deuxième halte, je la ferai dans l'évangile de Marc, à Béthanie, au porche d'entrée du récit de la Passion (14, 1-11). C'est la perte même qui est mise en récit, elle se joue dans le geste d'une femme qui oint Jésus d'un parfum de prix, elle devient l'enjeu d'un conflit d'interprétation, se charge d'un sens lourd de signification. Le contexte est tendu, la Pâque et la fête des pains sans levain auront lieu dans deux jours, les grands-prêtres et les scribes cherchent comment arrêter Jésus pour éviter un tumulte parmi le peuple des pèlerins. La ruse dont ont besoin les puissants prendra le visage de l'un des disciples, Judas, qui le leur livrera contre argent ; il ne lui manque que le bon moment.

Entre-temps, Jésus est à table, dans la marge : peu avant le dernier repas qu'il partagera avec ses disciples dans une salle toute préparée, en dehors de Jérusalem, chez Simon le lépreux, un homme guéri sans doute mais dont la lèpre tache encore le nom. C'est là qu'il va être enseveli, pas au bon moment, de son vivant, ou précisément au bon moment : à la tombe, le sabbat passé, quand les femmes apporteront les aromates, le corps aura disparu.

Une femme. Elle n'a pas de nom, elle arrive du dehors, elle va droit au but, elle verse sur la tête de Jésus allongé un parfum précieux. Elle n'a pas dit un mot. Elle a brisé pour lui non seulement son vase d'albâtre mais les convenances du repas. Livré ainsi au milieu du monde,

son geste, qui transgresse les usages du monde, appelle interprétation. Les convives s'indignent entre eux, fulminent contre elle, pourquoi cette perte ? Sur le mode du conditionnel passé et du regret, ils calculent : on aurait pu vendre le parfum, donner la somme aux pauvres. Comme le parfum écoulé se perd, le sens est perdu si personne ne l'accueille. Jésus reçoit en sa personne cette perte en sa faveur, il reçoit non l'objet mais la relation que la perte signifie. Elle le touche au lieu même où il va se donner, se perdre lui-même, au lieu de sa solitude devant la mort, là où il n'y a plus de comparaison avec autrui. Il est, lui, à l'heure de la mort, le Pauvre. « Ce qu'elle avait, elle l'a fait », dit-il en un raccourci du langage qui contraste avec la surabondance du parfum et de sa description, pur, très coûteux. Jésus traduit le don étrange et comme en toute traduction opère un déplacement, il reporte le parfum de sa tête à son corps et reçoit l'onction amoureuse, ou royale, ou messianique – le texte n'explicite pas plus l'intention du geste que la femme elle-même – comme une onction funéraire, en vue de sa sépulture. Il accorde ainsi à l'incongruité du don une nouvelle pertinence de signification.

On peut voir alors dans son corps étendu à table une image de son corps bientôt déposé dans la tombe. Est-il possible de signifier autrement qu'en métaphore, que par l'acte poétique d'un récit, l'ensevelissement à table d'un vivant ? L'évangile de Marc donne avec ce geste, et la profusion du parfum qui s'écoule, une image de

lui-même en train de se diffuser. Jésus annonce que partout où l'Évangile sera proclamé, mémoire sera faite de ce geste. L'Évangile est la bonne nouvelle du corps à jamais perdu, non seulement à la croix mais dans la tombe ouverte, qui appelle hors de l'espace de la mort le corps vivant de ses témoins.

La perte reçoit donc en ce récit sa valorisation la plus vive. Elle est mise en scène comme un signe qui appelle une attestation, qui génère le travail des interprétations, elle demande à être racontée. Les qualificatifs mêmes du parfum peuvent se reporter sur elle et sur la relation qu'elle crée : parfum pur, c'est-à-dire non frelaté mais fiable, crédible, et parfum somptueux, c'est-à-dire littéralement, en grec, à finalité multiple. La perte est valorisée ainsi comme objet de croyance, elle échappe à toute interprétation totalitaire, s'offre au contraire à une reprise de sens qui se diffracte en représentations plurielles. La communauté croyante vit de l'interpréter, de reconnaître en Jésus mort et enseveli le Christ vivant, celui qui a reçu l'onction. Ce qui est indéniable, c'est l'existence de ce corps communautaire, et sa croissance par la diffusion même de la parole de sa foi.

Une vérité sans appui

Pour la troisième pause, où nous entendrons cette fois, comme saut dans une parole de vérité qui ne se soutient d'aucune sécurité, l'exclamation du centurion romain devant la

croix, je reprends une phrase de Paul Ricœur qui l'a éclairée pour moi ; elle est concentrée, comme un alcool fort, avec, en fond, la madeleine de Proust : « Mais le petit miracle de la reconnaissance est d'enrober de présence l'altérité du révolu[5]. »

À l'heure de la croix, telle que Marc la raconte (15, 33-41), après que la terre a été recouverte de ténèbres, deux cris tendent la scène, et encadrent le grand cri par lequel Jésus expire. Ils ne se replient pas l'un sur l'autre. Un « pourquoi ? », adressé par Jésus par-dessus l'abîme au Dieu perdu, ou qui l'a perdu : « Mon Dieu, mon Dieu, pourquoi m'as-tu abandonné ? » et un « vraiment ! », énoncé soudain par le soldat romain qui monte la garde comme s'il lisait dans la mort du supplicié un signe de Dieu : « Vraiment cet homme était fils de Dieu. »

Le vraiment ne répond pas au pourquoi. Le pourquoi n'est pas la cause du vraiment. L'inadéquation, l'écart entre eux, porte la trace d'un événement qui ne se raconte pas mais qui brise la suite logique des raisons et des conséquences. Les évangiles l'appellent résurrection. Tandis que Matthieu, Luc et Jean lui donnent des représentations à la fin de leur narration par le tombeau ouvert dont le corps est absent ou par des récits d'apparitions, en une post-face éblouissante, Marc glisse la résurrection, ici à la croix, sans image, dans un décalage, un blanc de son récit.

5. Paul Ricœur, *La mémoire, l'histoire, l'oubli*, Paris, Seuil, 2000, p. 47.

La filiation se donne à lire, paradoxalement, dans le cri d'abandon : cela laisse penser la profondeur du miracle, peut-être irracontable, que l'évangile rugueux de Marc se suffit de suggérer.

À part les démons qui savent – un savoir possédé que l'Évangile dénonce comme démoniaque –, le centurion romain est le seul homme de tout l'Évangile à confesser le fils de Dieu. Sur ses lèvres, le récit place les mots même du Dieu qui, au baptême (1, 9-11) puis à la transfiguration (9, 3-9), a reconnu son fils. Dans la mort la plus nue, sous les ténèbres, dans le silence même de Dieu, le païen a vu le signe de Dieu. Il est entré dans sa vérité. Sans mémoire – sans madeleine, ou plutôt sans pain ni vin pour déclencher la mémoire –, sans chant du coq comme à Pierre (14, 72), sans Écritures pour préparer son chemin (1, 2-3), rien ne peut lui revenir, alors tout lui advient. Il ne dispose de rien, les mots de Dieu se proposent à lui. Il engage toute sa personne en un présent de vérité – vraiment ! –, il recueille en sa parole le révolu – cet homme était –, il transperce la mort du regard et voit l'altérité divine – le Fils de Dieu.

De sa reconnaissance, il enrobe la nudité du crucifié et y découvre sa propre vérité. Toute l'écriture de l'Évangile n'est-elle pas ce cri de reconnaissance, n'a-t-elle pas mis à la clé de sa partition l'émerveillement qui interprète après coup et adopte, qui retourne le sens de la perte : « Vraiment, celui-ci était... » ? N'est-elle pas une invitation à entrer dans une énonciation de vérité, dans un élan de bonheur qui fracture

toujours à nouveau la gangue du malheur ? Rien de sûr donc, plutôt l'audace, ou la grâce, d'assumer une vérité fragile, qui ne se cherche aucune référence, ne se consolide d'aucune vérification. La sûreté est ici dans le plus pur risque.

Une voix dont on ne sait ni d'où elle vient ni où elle va

La quatrième halte, je la fais dans l'évangile de Jean. À lire et relire cet évangile, j'en arrive à penser qu'il se construit tout entier comme la scène où puisse venir retentir la voix de Jésus. Une voix qui déclare, au plus sobre, même sans attribut, à l'absolu : « Je Suis. » Une voix presque à l'état pur, souveraine et fragile, qui cherche moins à communiquer un message, à transmettre un contenu, qu'à signifier fondamentalement qu'elle est Parole et qu'elle appelle en retour une parole. Jésus invite à entrer en sa présence, et par lui devant Dieu, à s'inscrire dans le présent d'une adresse directe, d'une interlocution vive, à y engager sa propre voix.

Si la parole divine se donne, c'est qu'elle est à recevoir et à prendre, pour que l'homme y réponde et en réponde de sa vie. L'Évangile semble parler essentiellement pour mettre au monde et à l'œuvre l'événement qu'est la parole elle-même. Il amplifie sa percussion en accordant les voix des personnages qui s'expriment dans le récit, à la voix même du récit, ou en relançant la voix qui raconte dans les voix racontées.

Au jardin de l'arrestation (18, 1-12), Jésus sort au devant du monde entier, juif et romain, armé mais falot avec ses torches et ses lanternes, Judas en tête, venu arrêter celui-là même qui a déclaré : « Je Suis la lumière du monde » (8, 12 ; 12, 46). Jésus interroge : « Qui cherchez-vous ? » et, à l'indication de son nom, répond : « Moi Je suis. » À trois reprises. On peut y entendre tout à la fois : « Jésus de Nazareth, que vous cherchez, c'est moi » et : « En moi Dieu se révèle. » En moi, cherchez Dieu. Car le « Je Suis » de Jésus porte la résonance du « Je suis qui je serai » du Dieu qui s'est révélé à Moïse au buisson ardent (Exode 3, 14). Dieu se fait voir maintenant à la lumière de cet homme qui se livre. C'est en homme libre qu'il se livre : en se livrant, il est libre et c'est ainsi qu'il libère les siens. Que l'arrestation, comme l'ensevelissement, ait lieu dans un jardin suggère sans doute que Dieu saura faire de cette mort-là un lieu d'origine.

Mais s'il est souverain, le « Je Suis » est aussi fragile. Il se donne à croire en vérité, ne se vérifie pas. Quand Jésus déclare : « Je Suis », qu'est-ce qui permet de faire la différence, et de choisir, entre l'absolue disponibilité à laisser parler Dieu en lui, et la prétention la plus illégitime à se prendre pour Dieu ? Tout l'évangile de Jean est dès lors un procès, un procès fait à la vérité. Jésus est la vérité, en tant qu'elle est mise en procès justement, en débat, qu'elle questionne, qu'elle révèle ce dont le cœur de l'homme est fait, vérité ou mensonge, liberté ou servitude. « Qu'est-ce que la vérité ? » demande Pilate (18, 38). On

peut penser que c'est la question de l'Évangile tout entier.

Une question qui oblige à se situer, qui presse à croire, à répondre d'une pure confiance, à donner sa voix à la voix de celui qui déclare à nu, alors qu'il va à la mort : « Je suis le chemin, la vérité et la vie. » La vérité est jugement, non comme on jette des pierres mais comme on met en lumière. Car le récit d'Évangile se déroule comme un recto et un verso de la même page d'écriture, il tient collé à sa narration son envers inséparable : quand il raconte Jésus jugé, il révèle qu'en fait Jésus est en train de juger le monde.

La communauté johannique n'est sûre de rien, elle est travaillée par la vérité. C'est ainsi qu'elle entend souffler l'Esprit sans lequel il n'y a pas de naissance nouvelle, elle l'entend comme le vent, elle perçoit sa voix, est appelée à y répondre, mais ne sait ni d'où il vient ni où il va. Elle renonce à toute prise sur l'origine, elle la chante comme la présence d'une Parole, avant tout temps, avant tout monde, une Parole tellement tournée vers Dieu qu'elle devint vie, tellement désireuse d'être désirée par les hommes qu'elle fut lumière.

Cette vie première, qui a pris chair en Jésus, a campé dans l'histoire, n'est pas racontée pour elle-même, elle est l'exégèse de Dieu, le visage visible du Dieu invisible. Elle ne se saisit pas, elle se donne à recevoir.

Naître de la confession de foi

Les deux dernières haltes, je les fais chez Paul, comme en un retour au temps des premiers commencements de la foi. Je regarderai d'abord comment l'homme naît à sa vie d'apôtre en énonçant la confession de foi qui le précède. C'est au début de 1 Corinthiens 15 (1-11), avant que l'apôtre aborde les questions posées par la communauté sur la résurrection. Pour les Corinthiens qu'il voit tituber, dans leur doute ou leur enthousiasme, Paul rappelle encore une fois la tradition reçue, comme un sol ferme pour la foi et le travail, un tracas, qu'est l'Évangile à porter au monde. Il énonce une suite de quatre verbes, mémorable : il est mort, il a été enseveli, il est ressuscité, il est apparu à... La mort et la vie après la mort y sont reconnues conformes aux Écritures.

Cela ne signifie pas qu'une référence scripturaire s'impose ; tout au contraire, Paul pose là un acte de parole qui est performatif, qui fait ce qu'il dit ; il déclare comme conviction que la croix et la résurrection du Messie, en dépit du scandale, s'inscrivent dans le courant des Écritures. Il veut dire : ce qui met à bas de leurs trônes toutes les sécurités, la vie surgie inexplicablement du lieu même de la mort, cela même est précédé et accompagné par la parole fondatrice du Dieu vivant.

Paul, alors, non seulement énonce la confession de foi mais réussit ce tour de force de s'inscrire lui-même dans son contenu, il reconnaît pour sa personne la faveur divine des apparitions.

Après avoir égrené les noms des apôtres auxquels le Christ est apparu, Céphas, les Douze, Jacques, plus de cinq cents frères à la fois, et tenu ainsi dans un même mouvement les autorités des Églises historiques, il s'écrie, en queue de liste, qu'il clôt ainsi : « À moi aussi. » Cri du petit dernier, qui ne veut pas être en reste ! C'est ainsi qu'il naît au monde de la foi, il l'exprime au datif, il se met dans la position de celui à qui la vie est donnée. Il ajoute juste un mot, traduit le plus souvent par « avorton ». On peut entendre dans le terme utilisé une connotation de blessure, un *trauma*.

Paul est né mais blessé, comme Jacob après sa traversée du Yabboq, ou comme toute vie, boiteuse mais bénie. C'est alors ainsi qu'il peut se lever comme sujet, s'affirmer au nominatif, en « je ». La résurrection, venue jusqu'à lui par une apparition, est une surrection du sujet, comme le dit Alain Badiou[6], un surgissement. Paul module alors en trois mesures un « Je suis », qui fait penser ici encore aussi au Dieu du buisson ardent : moi je suis / je ne suis pas / je suis ce que je suis, dit-il, et il nuance ainsi avec délicatesse sa relation éprouvée à la vie. Je suis le dernier des apôtres, dans le temps et en dignité, je ne suis pas digne d'être appelé apôtre – et pèse ici tout son passé de persécuteur – mais par la grâce de Dieu je suis ce que je suis.

6. Alain Badiou, *Saint Paul. La fondation de l'universalisme*, Paris, PUF, 1997, p. 18.

En une phrase toute tenue dans la présence de la grâce, elle-même dite trois fois, premier et dernier mot de l'envolée, mais inscrite au cœur de l'énoncé aussi, lui donnant tout son poids, Paul peut abandonner le vêtement de toute sa vie, qu'à partir seulement de la nouveauté de Dieu il découvre étroit et dépose alors comme ancien. Et dans le tissu des écritures, il se met à tailler, pour les siens et pour les autres, de nouveaux modes de langage, de nouveaux modèles de vie à revêtir, une identité neuve, sans sécurité, mais avec certitude intérieure.

Être trouvé en Dieu

Il me reste un sixième texte. Pas d'arrêt prolongé, tout est mouvement dans cette évocation de soi que Paul élabore. En Philippiens 3, par une relecture interprétative de son histoire, l'apôtre dessine sa vie comme un voyage contrarié. Contrarié non seulement parce qu'il est tombé de haut, que tout ce qui était gain pour lui est devenu perte, jusqu'au plus prestigieux de son identité juive – appartenance à la race d'Israël, à la tribu de Benjamin, circoncis dès le huitième jour, une vie qu'il résume en un mot : « irréprochable » – mais parce que la contrariété même devient le moteur de sa poursuite. Les termes mêmes sont retournés pour le signifier, la perfection n'est plus l'arrivée au but, la saisie de la couronne, mais le mouvement incessant de la course, où que l'on en soit du trajet.

C'est dans les nuances de son écriture qui se cherche, dans le travail de la langue, que se perçoit la vie en pleine éclosion que Paul vient d'éprouver et qu'il veut à tout prix partager. Pour dire l'oubli de ce qui faisait sa fierté, son passé barré, et soutenir un mouvement tout tendu en avant, il conjugue le verbe saisir – plus fort encore que chercher –, saisir Christ. Il le déploie en quatre formes qui se complètent (v. 12-13). La première évite l'illusion que pourrait générer la foi : « Je ne l'ai pas déjà saisi. » La deuxième substitue à l'indicatif le subjonctif, au réel le possible ; le donné échappe ainsi à la mainmise, il est replacé dans l'espérance : « (...) s'il est possible que je le saisisse vraiment. » La troisième forme explicite le fondement sur lequel repose l'espérance, l'amour, peut-on dire, elle retourne alors l'actif en passif, laisse ainsi à Dieu l'initiative déjà prise et remet l'homme à sa juste place non de sujet mais d'objet : « puisque j'ai été saisi ». Une quatrième forme enfin récapitule le tout, exprime aussi bien l'humilité que le désir : « Je ne compte pas l'avoir déjà et à jamais saisi. »

Se laisser saisir : Paul avait dit juste plus haut, j'ai tout perdu afin de gagner Christ, ou plutôt « d'être trouvé en lui » (3, 9). Être trouvé en Dieu est sans doute la plus juste expression que l'apôtre énonce pour dire la place de l'homme devant Dieu, de l'homme ajusté à son Dieu.

Je ne cherche pas, le Dieu perdu m'a trouvé(e) – c'est donc que j'étais perdu(e) ? Je me trouve bien en lui, et cela suffit à ma foi.

J'essaie simplement, et c'est tout un travail, de rester dans l'instance de parole qu'est pour moi son existence.

*

Alain Houziaux

Est-il exact que, dans la communauté des Esséniens, quelqu'un avait une forte ressemblance avec Jésus-Christ ? C'est en tout cas ce que rapportent les manuscrits de Qumrân.

Michel Quesnel

Ces manuscrits sont les écrits d'un groupe qui se rattachait au mouvement essénien mais qui n'est pas représentatif de l'ensemble de ce mouvement, vraisemblablement plus vaste que le groupe de Qumrân.

Cette communauté a vraisemblablement été fondée au IIe siècle avant notre ère par un personnage de naissance sacerdotale, qui s'est exilé du Temple de Jérusalem parce qu'il considérait que ce Temple était occupé par un sacerdoce impie. On l'appelle le Maître de justice. Il est vrai qu'il y a un certain rapport entre ce Maître de justice vénéré par une communauté et Jésus, qui fut par la suite vénéré par une autre communauté.

À Qumrân, nous sommes à l'intérieur du monde juif. Les rapports éventuels entre les gens de Qumrân et le christianisme sont un point débattu, mais beaucoup considèrent qu'ils furent faibles, peut-être inexistants.

Alain Houziaux

Quel crédit peut-on apporter à l'évangile de Thomas, ainsi qu'aux évangiles apocryphes (l'évangile de Philippe en particulier) faisant état d'une relation intime entre Jésus et Marie-Madeleine ?

Michel Quesnel

L'évangile de Thomas est une des sources possibles de la vie de Jésus. Il est le reflet d'un certain nombre de traditions qui n'ont pas de raison d'être suspectées *a priori*, même s'il est conditionné par les convictions de la communauté qui lui a donné naissance[7]. Dans mon livre, je cite un passage de la parabole des invités au festin dont la version selon Thomas, comme celle de Luc, est sans doute plus proche de la parabole racontée par Jésus lui-même que dans la version de Matthieu.

Le *Da Vinci code* s'appuie sur un évangile apocryphe, l'évangile selon Marie[8], trouvé en Égypte. Il y est écrit que Jésus aimait Marie-Madeleine plus qu'aucune autre femme. De là on a tiré le *Da Vinci code.*

Alain Houziaux

Mais est-il envisageable d'imaginer que Jésus ait été marié, ou veuf, ou qu'il ait eu une compagne ?

7. Le courant chrétien qui lui a donné naissance était un courant de type gnostique qui considérait que l'on avait accès au salut par la connaissance. On y trouve des propos prêtés à Jésus, comme : « Je suis le Tout », qui ont peu de chance d'être historiques.

8. Marie étant là Marie-Madeleine.

Gérard Mordillat

Un chercheur juif, Shalom Ben Chorim, a beaucoup réfléchi à cette question, avec des arguments assez troublants. Selon lui, Jésus aurait été marié pour deux raisons. La première, que je trouve assez faible, c'est que dans le Talmud on recense un grand nombre de rabbins, dont un seul était célibataire ; si bien que son nom est devenu synonyme de célibataire. Donc, si Jésus avait été célibataire, on n'aurait pas manqué de le signaler. L'autre raison, plus forte, c'est que Paul, dans ses épîtres, d'une part se plaint de ne pas avoir à ses côtés de femme croyante comme les frères de Jésus qui, tous, étaient mariés mais, lorsqu'il recommande la chasteté et l'abstinence dans l'attente de la Fin des temps, ne cite jamais Jésus en exemple. Ce qui est, pour le moins, étonnant.

À l'inverse, d'autres arguments peuvent laisser penser que Jésus n'était pas marié. Le plus polémique se trouve dans la littérature juive antichrétienne du Moyen Âge : Jésus né de père inconnu, aurait été un bâtard. Or, un bâtard ne peut pas épouser une véritable israélite... Il aurait donc été contraint au célibat.

Les textes disent que Jésus se déplaçait avec ses disciples et quelques femmes. L'une d'entre elles a-t-elle été son épouse ou sa compagne ? Était-il marié ailleurs ? Nous n'en savons rien, car les textes n'en disent rien et nous devons nous incliner devant ce silence. Ce qui ouvre grand la porte à la fantaisie et à l'imagination.

En réalité, ces questions, qui peuvent paraître superficielles ou anecdotiques, nous forcent à lire les textes avec une attention extraordinaire, à en mesurer chaque mot, chaque phrase puisqu'ils sont nos seules archives. Tout le travail que nous avons fait avec Jérôme Prieur rend hommage aux chercheurs, aux exégètes qui sont, de notre point de vue, les derniers grands lecteurs de notre époque. En effet, même si nous ne sommes pas en accord avec telle ou telle lecture, nous avons toujours été extrêmement admiratifs de la patience, de la profondeur, du temps et du sérieux avec lesquels ils abordaient les textes, nos seuls témoins fiables de l'histoire de Jésus.

Alain Houziaux

La question de la manière dont Jésus a été conçu se pose. Comment expliquer que ni Marie ni Jésus (quand il essaie d'asseoir son autorité) ne fassent allusion à une naissance et à une conception exceptionnelle ?

Corina Combet-Galland

Tous les évangiles ne racontent pas la naissance de Jésus : le récit selon Marc commence par sa venue au Jourdain, au baptême de Jean, à l'âge adulte ; l'évangile selon Jean fait remonter son lecteur bien plus haut, le place comme en surplomb, dans ce temps d'avant toutes choses, et commence comme la Genèse : « au commencement ». Il évoque l'amour de Dieu, tellement extériorisé qu'il est parole, tellement tourné vers les hommes qu'il est lumière pour eux, tellement incarné parmi eux qu'il est Fils. Il cherche à faire

de ses lecteurs des enfants aussi, nouvellement nés de la parole du texte. Ce sont les récits de Luc et de Matthieu qui mettent en images, empruntant chacun à des modèles littéraires différents, la naissance de Jésus. Ils la reconnaissent tout à la fois pleinement humaine, une vie portée par un ventre de femme, incarnée dans son peuple, et divine, couverte par la présence de Dieu, animée par cet Esprit dont l'évangile de Jean dit que, comme pour le vent, on entend sa voix mais on ne sait ni d'où il vient ni où il va. L'origine échappe à l'humain, la parole en témoigne.

Jésus ne cherche pas à asseoir son autorité à partir de sa vie. C'est l'autorité de la vie qu'il donne au nom de Dieu, par ses guérisons, qui est racontée, l'autorité d'une vie donnée jusque dans l'opposition, livrée jusqu'à en mourir. Jésus renvoie la question de son origine au témoignage des hommes, les évangiles sont des appels à témoins. Ils construisent la scène narrative où des réponses s'esquissent, en impromptu souvent, mais où surtout, fondamentalement, la question ne cesse de se poser et d'impliquer le lecteur : « Et vous, qui dites-vous que je suis ? »

Alain Houziaux

Comment se fait-il que pas même sa naissance virginale n'est évoquée au moment de son procès ? À quelques exceptions près, le Nouveau Testament est quasi muet sur ce thème, pourtant, il est souvent question de la résurrection de Jésus, qui est elle aussi du domaine de la foi.

Michel Quesnel

Il faut d'abord dire très clairement une chose : lorsque l'on parle de la naissance virginale de Jésus – Jésus serait né d'une vierge sans l'intervention de Joseph –, on n'est pas dans l'ordre de l'histoire mais dans l'ordre de la foi, car cette conviction est liée à la foi en la résurrection de Jésus de Nazareth. Les événements qui ont pu la fonder n'ont pas eu de témoin neutre ; un historien n'a donc pas accès à un fait comme celui-là, si ce fut un fait.

Deuxième point, tous les évangiles mentionnent une certaine anomalie dans les origines de Jésus. Dans l'évangile de Marc, il est appelé « fils de Marie » alors que, normalement, un homme juif est nommé en référence à son père. Dans l'évangile selon Jean, certains juifs polémiquent avec lui en disant : « Nous ne sommes pas des enfants de la prostitution », ce qui implique peut-être : « Toi, Jésus, tel n'est pas ton cas. » Quant aux évangiles de Matthieu et de Luc, leur récit est la source directe de la conviction que Jésus est né d'une vierge.

Gérard Mordillat

Il faut se poser la question de la chronologie rédactionnelle des textes. Dans le plus ancien que nous connaissons, celui de Paul, datant des années 50 ou 60, Jésus est « né d'une femme », une femme anonyme. Si Paul avait su ou entendu quelque chose sur la naissance miraculeuse de Jésus, il n'aurait pas manqué de le proclamer ! Écrit autour des années 70, si je m'en

tiens aux datations les plus communément admises, l'évangile de Marc ignore complètement la naissance de Jésus comme le miracle dont elle procède. Ce n'est que dans l'évangile de Matthieu, un peu plus tardif (vers 85), qu'apparaît la citation d'Isaïe ; « la jeune femme qui accouchera d'un fils » – « jeune femme » en hébreu sera traduit par « vierge » en grec.

La vierge devient donc mère porteuse et accouche d'un enfant. C'est à partir de ce récit que se construit, difficilement, l'histoire de la naissance virginale, miraculeuse. En effet, Michel Quesnel faisait référence à l'apostrophe « fils de Marie » dans l'évangile de Marc, qui pose un sérieux problème. Depuis la nuit des temps, un garçon juif est identifié par rapport au nom de son père : on est ben Abraham, ben David, ben Samuel, etc. Être « fils de Marie », c'est-à-dire « fils de sa mère » sous-entend clairement que le père est inconnu et, si le père est inconnu, que l'enfant est né de la prostitution ou de l'adultère. Il est d'ailleurs intéressant que la légende de la naissance virginale et le personnage de Joseph apparaissent tardivement dans la tradition évangélique, comme une réponse à des attaques, à des injures, voire à des calomnies.

De tous les chercheurs que nous avons rencontrés et filmés avec Jérôme Prieur, qu'ils soient catholiques, juifs, chrétiens ou agnostiques, aucun ne voyait la naissance miraculeuse de Jésus autrement que comme une lecture croyante d'un événement somme toute banal. Jésus était né comme naissent tous les hommes, comme nous

sommes tous nés, de l'union sexuelle d'un homme et d'une femme. La preuve, dans l'évangile de Marc, Marie a d'autres enfants ! L'évangéliste parle des frères de Jésus, de vrais frères et de deux sœurs. On peut toujours se tordre la tête pour essayer de démontrer que c'étaient des cousins, des amis ou de vagues connaissances, mais non, l'évangile de Marc parle de « frères », ce qui ne pose d'ailleurs aucun problème, sauf à la dogmatique catholique.

La légende de la naissance virginale de Jésus, de la virginité perpétuelle de Marie, puis de l'immaculée conception, qui s'est constituée jusqu'au XIXe siècle, a vraisemblablement, au départ, été conçue en réponse aux accusations de bâtardise contre Jésus et de prostitution contre Maire.

Pour expliquer que le père de Jésus demeure inconnu, une autre hypothèse mérite attention. Jésus serait le fruit d'un viol, ce qui a aussi été avancé de manière polémique. Cela peut nous surprendre, mais si nous suivons le scénario de Matthieu, Marie se trouve enceinte alors que, mariée, elle est chez encore ses parents – elle a 11 ou 12 ans maximum. Et Joseph, apprenant sa grossesse, l'accepte chez lui enceinte d'un inconnu, ne la répudie pas, ne la livre pas à la lapidation. Selon la Bible hébraïque, il n'y a qu'un seul cas où, pour une telle faute, la femme est innocentée, c'est lorsqu'elle a été violée sans pouvoir se défendre. Je ne sais pas ce que le rédacteur de ce passage de Matthieu avait dans la tête en menant son récit comme il le fait, mais

si on lit l'histoire de Marie et Joseph au regard de la législation exprimée dans l'Ancien Testament, cette hypothèse mérite autant de considération que les autres.

Encore une fois, ces questions ont pour intérêt fondamental de nous apprendre à lire, de revenir et revenir sans cesse sur le texte, non pas pour y faire jaillir l'Histoire avec un grand H, c'est illusoire, mais pour approfondir notre lecture et, l'approfondissant, mieux lire le monde où nous sommes aujourd'hui.

DÉBAT

Alain Houziaux

Les paraboles des évangiles peuvent-elles validement être attribuées à Jésus ? Par ailleurs, quelle est la spécificité de l'enseignement de Jésus par rapport à celui d'autres sages de la même époque ?

Michel Quesnel

Jésus n'est pas le seul à avoir parlé au moyen de paraboles. Déjà l'Ancien Testament en comporte une célèbre, celle que le prophète Nathan adresse à David après que celui-ci a fait tuer Uri pour prendre sa femme. Jésus n'est donc pas l'inventeur du genre. En revanche, si l'on en croit les textes, il est incontestablement, dans l'histoire, le maître du parler en paraboles.

Cela dit, les paraboles que rapportent ces textes ont-elles vraiment été prononcées tel qu'on peut les lire par Jésus ? Il est manifeste, comme pour l'ensemble des paroles de Jésus, qu'elles ont fait l'objet de réinterprétations. Pour une parabole donnée, des différences existent d'un évangile à l'autre.

J'évoquais tout à l'heure la parabole des invités au festin. Nous en avons trois recensions, une dans l'évangile de Thomas, une dans l'évangile de Luc, une dans celui de Matthieu. Il est assez communément admis que l'état dans lequel elles se trouvent chez Thomas et chez Luc est plus

proche de la façon dont Jésus l'a prononcée que chez Matthieu. Chez Matthieu, le maître brûle la ville des invités qui ont refusé de venir. C'est manifestement une allusion à la chute de Jérusalem et à la destruction du Temple, que Matthieu interprète après coup comme un châtiment envoyé par Dieu aux Juifs incrédules.

Alain Houziaux

D'autres prophètes ont-ils été crucifiés, lapidés ou pendus à la même époque ? Et si oui, dans quel contexte ?

Gérard Mordillat

Je vous recommande la lecture de Flavius Josèphe où les préfets romains, notamment Pilate, sont d'une brutalité absolue. Tout mouvement de population, quel qu'il soit, était compris comme un mouvement de rébellion contre l'Empire. Israël était un territoire occupé, et il n'est pas difficile d'imaginer le comportement d'une armée d'occupation sur un territoire conquis. Alors, dès qu'un prophète annonce qu'il traversera le Jourdain à pied sec, qu'il rééditera le miracle des murs de Jéricho, ou qu'il proteste au Temple, comme Jésus, Pilate envoie ses troupes, féroces, violentes et efficaces. Les Romains n'ont qu'une réponse face à ceux qui se dressent devant eux : la mort, soit au combat, soit sur la croix. Eux seuls avaient le droit de vie ou de mort, les juifs ne l'avaient pas. Si Pilate s'était montré un tant soit peu laxiste, on aurait dit à Rome qu'il ne faisait pas son travail et il aurait été blâmé, voire envoyé au cirque.

Alain Houziaux

Pouvez-vous en dire un peu plus sur les circonstances du procès de Jésus ?

Gérard Mordillat

Le terme « procès » me paraît totalement faux. C'est une exagération, il n'y a pas eu de « procès » de Jésus. Le mot induit une réalité anachronique au Ier siècle : on imagine la Cour, les jurés, le président, etc. Mais cela n'existait pas ! Les exécutions étaient des exécutions sommaires, comme on peut le voir encore aujourd'hui dans tous les conflits où une armée occupe un pays en rébellion. Jésus s'est manifesté au Temple – j'accepte cela pour histoire –, il fut traduit devant Pilate qui, sans prendre le temps d'examiner les charges, l'a envoyé à la croix. Voilà le procès de Jésus !

Sur le plan historique, il n'y a donc pas de procès, mais une arrestation et une exécution rapides. Les évangélistes vont s'appliquer non pas à réécrire l'histoire, mais à l'écrire ! Le récit des évangiles est une reconstruction *a posteriori*. Les rédacteurs, dont aucun n'a été témoin des faits ni même compagnons de Jésus, veulent donner à son arrestation et à sa condamnation, une ampleur et un poids considérables, et, surtout, ils veulent incriminer « les juifs » (c'est-à-dire leurs coreligionnaires qui ne partagent pas leur foi) dans la mort de celui qu'ils considèrent comme le Seigneur. N'oublions pas qu'au moment de la rédaction des textes, nous sommes bien après 70, quand les différents courants juifs

sont, sinon en lutte les uns contre les autres, du moins en compétition pour savoir celui qui imposera au peuple sa lecture de l'histoire.

Si l'on prend pour hypothèse que le premier évangile est celui de Marc, puis que viennent ceux de Matthieu, Luc, et enfin Jean, on voit comment le rôle des Romains est de plus en plus atténué dans la mise à mort de Jésus, et comment ils sont de plus en plus salués et révérés par les rédacteurs des textes des Évangiles, puisque la communauté, qui n'est pas encore véritablement chrétienne, cherche à se rapprocher de l'Empire à la fin du Ier siècle. Ainsi, dans l'évangile selon Jean, Pilate devient quasiment l'avocat de Jésus, celui qui demande pourquoi on veut le condamner, qui plaide pour sa défense et cherche à faire exécuter Barabbas à sa place. De ce point de vue, le dialogue de Jésus avec Pilate qui couronne l'évangile de Jean est un chef-d'œuvre, une merveille de la littérature.

Alain Houziaux

D'après ce que l'on appelle « la source Q », on a pu aussi considérer Jésus comme un Maître de sagesse. Quelle est la nature de son enseignement ?

Corina Combet-Galland

Cette source Q (appelée ainsi parce que Q est l'initiale du mot allemand *Quelle*, qui veut dire source) n'existe qu'hypothétiquement reconstruite. On la trouve certes dans nos bibliothèques parce que les textes qui devaient la composer sont reconstitués à partir de quelques récits, très peu nombreux, mais surtout de

paroles, communs aux évangiles de Matthieu et de Luc et qui ne leur viennent pas de Marc. Ils ont tous deux vraisemblablement connu et utilisé le matériau de Marc et semblent avoir disposé d'un autre fonds commun. La source ainsi établie offre une cohérence propre de pensée.

C'est donc une source essentiellement composée de paroles, comme l'évangile de Thomas d'ailleurs qui, lui, est considéré comme gnostique. Pour nous qui lisons surtout les textes canoniques, un évangile est presque naturellement une vie de Jésus. Mais l'évangile, c'est d'abord un contenu, c'est une bonne nouvelle de libération. Pour Paul, qui ne raconte nullement la vie de Jésus, la proclamation de la croix et de la résurrection est tout l'Évangile, elle suffit pleinement.

Les paroles de la source Q sont sans doute portées sur les routes de Galilée par des missionnaires itinérants ; elles relèvent d'une tradition de sagesse, Jésus emprunte ses exemples à l'environnement palestinien, quotidien, à la nature. Ces paroles peuvent, dans un souffle souvent prophétique, se montrer subversives. Critiques à l'égard des autorités, bien que toujours à l'intérieur du judaïsme et de la validité de la Loi, elles sont l'héritage d'un Jésus pleinement humain, mais lié à Dieu comme un fils et prêchant une vie de pauvreté dont l'authenticité devait hâter la venue du royaume.

Alain Houziaux

Pourquoi est-il écrit dans 1 Corinthiens 15 que Jésus a été crucifié « selon les Écritures », et qu'il est ressuscité « selon les Écritures » ?

Michel Quesnel

Le mot « crucifié » n'est pas dans le texte de 1 Corinthiens 15. On y trouve : « Christ mourut pour nos péchés selon les Écritures, il a été enseveli. » « Selon les Écritures » est une relecture. On rejoint là les questions sur les phénomènes de mémoire. Finalement, qu'est-ce que le Nouveau Testament ? C'est la relecture de l'événement « Jésus » à la lumière de l'Écriture juive. Cela ne veut pas dire que mourir ou être crucifié accomplissait les Écritures. Mais, dans la relecture que les chrétiens ont fait de la Passion, ils ont considéré que Jésus, Juste souffrant du fait de l'indifférence et de l'incompréhension de ses contemporains, était un accomplissement de la figure du Serviteur dont parle le livre d'Esaïe. Jésus n'a pas été le premier prophète incompris ; en revanche, son itinéraire et sa mort ont été interprétés à la lumière de la figure du Serviteur souffrant.

Selon un grand nombre de prophètes d'Israël, même quand les textes canoniques juifs ne le disent pas explicitement, la tradition veut qu'ils soient morts de mort violente. Pour Esaïe par exemple, dont la vie se termine plutôt bien selon l'Ancien Testament, la tradition rapporte qu'il a été scié en deux sur ordre du roi Manassé.

Alain Houziaux

Selon une certaine tradition (celle du Zohar, I 6a), Moïse lui-même aurait été tué au moment de l'entrée en Terre promise.

Michel Quesnel

Oui, en effet.

Alain Houziaux

Jésus connaissait-il les Écritures de l'Ancien Testament, et si oui, dans quelle mesure a-t-il tenté de coller à certaines de ses figures, ce qui expliquerait qu'il ait semblé en réaliser certaines prophéties ?

Gérard Mordillat

En tant que juif, Jésus avait une connaissance orale des textes de la Bible hébraïque. Qu'il se soit identifié à tel ou tel passage ou à tel ou tel prophète ne me paraît pas improbable puisque c'était le seul livre, la seule source de connaissance. Cela montre simplement, encore une fois, son enracinement fondamental dans le judaïsme. On ne peut rien dire au-delà de cela, car on ne sait pas, on ne peut pas savoir et on ne saura jamais quelle a été sa réelle relation avec ces textes.

Jésus savait-il lire ? Dans l'évangile selon Luc on le voit lire un texte, on peut donc penser que oui. Savait-il écrire ? On ne le sait pas, puisque la seule fois où cela est évoqué dans l'épisode de la femme adultère, dans l'évangile de Jean, chapitre 2, il n'écrit pas, mais trace des signes. On peut penser qu'il y a là une interprétation métaphorique de ce qu'il fait. Jésus n'a jamais rien écrit, il n'a pas laissé de textes comme Paul, par exemple. Paradoxalement, ce qui a été écrit sur lui de son vivant c'est seulement sa condamnation ; « roi des juifs ».

Il faut accepter notre ignorance sur ce point comme sur d'autres. On peut simplement supposer que, comme tout juif, Jésus écoutait dans la prédication synagogale les passages de la Bible hébraïque et était peut-être capable d'en reproduire les mots sur un papyrus ou sur le sable.

Alain Houziaux

Jésus avait-il conscience d'être le Serviteur souffrant annoncé par le livre d'Esaïe ?

Corina Combet-Galland

Sur la conscience, comment répondre ? Qui pourrait prétendre connaître la conscience de Jésus ? Il a vécu, peu de temps, avec un engagement sans doute assez exceptionnel en intensité, dans un milieu en crise sociale, en effervescence religieuse, en attente d'une libération qui réclamait l'intervention d'un Messie. Sa parole, et les actes qui l'incarnaient, étaient portés par une puissance prophétique et il savait certainement ce qu'il peut en coûter d'interpeller chacun sur les fondements et sur l'ultime, de poser par sa vie, ses choix, ses rencontres la question de la vérité, de la vraie liberté. Peut-être a-t-il pressenti que quelque chose de décisif se jouait en sa personne.

Ce qui surprend, c'est la productivité inouïe de la réflexion après-coup, de l'interprétation qu'a générée cette vie, en dépit et à travers sa mort même. Une fécondité de l'expression orale d'abord, diversifiée, transmise comme un héritage précieux, se nourrissant des Écritures pour modeler des façons de le penser et de le vivre, de se penser et d'en vivre. Le récit des disciples

d'Emmaüs met en images ce travail d'interprétation, qui est un chemin difficile de relecture, pour faire tenir ensemble deux mémoires, celle encore douloureuse d'une vie exceptionnelle qui vient d'échouer dans la mort et celle des textes sacrés à méditer. Ceux-ci contiennent des titres, comme des perles pouvant être serties dans le présent : Christ, Serviteur souffrant, Juste persécuté, Fils de Dieu, pour parler de celui dont la vie a laissé un rai de lumière tel que la mort ne peut l'effacer. On découvre après-coup qu'il brûle dans les cœurs. L'échec en est retourné, la fin devient nouveau commencement, un envoi pour partager la joie de ce croire un peu fou.

Alain Houziaux

La question se pose de la promotion de Jésus en Christ. Comment se fait-il que d'autres personnes qui se sont considérées comme le Messie n'aient pas eu la même promotion ? Par exemple, pourquoi Jean-Baptiste n'est-il pas devenu le Christ ? Pourquoi Simon le mage dont on parle dans le livre des Actes ne l'est-il pas devenu non plus ? Pourquoi est-ce ce Jésus qui a été promu comme Christ et fils de Dieu après sa mort, alors qu'il avait été abandonné par tous ses disciples, quelle que soit la notoriété qu'il ait eue de son vivant ?

Michel Quesnel

L'attribution stable à Jésus des titres Messie (ou Christ, c'est synonyme) et Fils de Dieu n'existe pas en dehors de la communauté qui le considère comme ressuscité. Dans la tradition

juive, quelqu'un que Dieu protège alors qu'il a été injustement persécuté est Fils de Dieu ; ainsi s'exprime le livre de la Sagesse, ouvrage deutérocanonique rédigé en grec, qui n'en appartient pas moins à la tradition juive.

Selon la foi des croyants, Jésus ayant été protégé par Dieu, relevé par Dieu de la mort qui lui avait été infligée, est Fils de Dieu. Grâce à la conjonction du titre Fils de Dieu avec celui de Messie, qui est aussi Fils de Dieu dans la tradition juive, le nom de Christ a été attribué à Jésus de façon stable. Le processus qui y a conduit n'est pas celui qu'on imagine spontanément : historiquement parlant, Fils de Dieu a sans doute précédé Christ.

Alain Houziaux

Nous en venons à la résurrection. À quel moment est apparue cette croyance ?

Gérard Mordillat

Le texte de la première épître de Paul aux Corinthiens, qui date environ de 55, se réfère à une croyance antérieure à lui. Les textes des Évangiles qui racontent les apparitions physiques de Jésus sont beaucoup plus tardifs.

Il est difficile de dater une apparition mais je pense que cela a dû survenir assez rapidement après la mort de Jésus. La première proclamation n'a d'ailleurs pas été de dire : « Il est ressuscité », mais : « Il est vivant. » L'idée de la résurrection n'est venue qu'ensuite. Elle est liée à quelque chose de très spécifique qui est un

phénomène de vision, d'apparition à un(e) ou plusieurs croyant(e)s. Car, tous les polémistes l'ont noté, Jésus n'apparaît qu'à ceux qui croient en lui, jamais à ses adversaires. C'est ce phénomène de vision qui a donné la conviction à ses disciples qu'il n'était pas mort sur la croix ; on est passé ensuite de l'idée abstraite « il est vivant » à quelque chose de plus concret avec : « Il est ressuscité. » Puis on a cherché à incarner ce personnage revenu d'entre les morts en faisant de lui un être sensible, visible, puisque dans un évangile il mange, dans l'autre il se fait voir, etc.

Le phénomène de vision a été largement étudié par la psychiatrie contemporaine, il s'inscrit dans l'ordre de la psychose. Pour le visionnaire, sa vision est plus réelle que de la réalité elle-même. Avoir des visions, c'est sentir quelque chose, voir quelque chose qui paraît plus réel que la réalité. Il n'est pas impossible que l'un des compagnons de Jésus, homme ou femme, noyé dans le chagrin de sa disparition, ait cru, de bonne foi, le voir réapparaître, et qu'à partir de cette vision, se soit ancrée l'idée de sa résurrection. Dans cette hypothèse, ce phénomène apparaît donc très tôt après la disparition de Jésus.

Curieusement, l'évangile selon Marc, dans un premier état (aux alentours de 70), s'arrêtait au moment où les femmes, découvrant le tombeau vide, s'enfuyaient sans rien dire à personne « car elles avaient peur ».

Il n'y avait ni vision, ni résurrection...

Alain Houziaux

Deux siècles avant le christianisme, certains courants du judaïsme pensaient que ceux qui mouraient en martyr étaient ramenés dans le sein de Dieu ; les personnes jeunes qui n'avaient pu accomplir une vie d'une durée normale y trouvaient ainsi une compensation par rapport à la durée de leur existence. De votre point de vue, cette croyance antérieure a-t-elle pu influencer la foi en la résurrection de Jésus ?

Corina Combet-Galland

Il y a en effet l'état d'esprit d'une époque, des langages, des représentations qui circulent et soutiennent la quête d'une compréhension de Dieu et de sa justice malgré les démentis de l'histoire. Dans les évangiles, on peut remarquer, et je trouve cela magnifique, comment la résurrection est dite à travers des figures de vie des témoins eux-mêmes. Ce n'est pas seulement un effet de littérature mais cela doit s'ancrer réellement dans du vécu. On ne voit pas Jésus sortir du tombeau, on voit seulement, avec le regard des femmes venues pour un rite funéraire au matin de Pâques, que le corps est absent.

Mais les récits qui le racontent multiplient les figures du corps en peignant les disciples, femmes et hommes qui le cherchent : la mémoire s'éveille, des yeux s'ouvrent, le cœur brûle, l'intelligence se mobilise, la parole se délie peu à peu. La vision du ressuscité peut être de l'ordre de l'imaginaire, toujours est-il qu'elle insuffle, à des corps courbés sous la déception et la douleur,

la puissance de se relever. Le sentiment, intime et profond, partagé en communauté, d'une présence malgré l'absence, prend corps et c'est cela qui fait histoire.

Table des matières

Achevé d'imprimer par Corlet, Imprimeur, S.A.
14110 Condé-sur-Noireau
N° d'éditeur : 5808 - N° fab. : 5969 - N° d'Imprimeur : 94185
Dépôt légal : septembre 2006
Imprimé en France